만화로 보는
선사들의 공부법

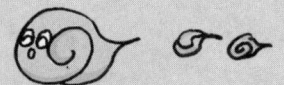

만화로 보는
선사들의 공부법

초판 1쇄 인쇄 2005년 1월 25일
초판 1쇄 발행 2005년 1월 29일

글과 그림 김헌식
펴낸이 조윤숙
펴낸곳 문자향
신고번호 제300-2001-48호
주소 서울 종로구 운니동 65-1 월드오피스텔 908호
전화 02-747-3451
팩스 02-747-3452
이메일 munjahyang@korea.com

값 8,000원
ISBN 89-90535-16-6 07220

※ 잘못된 책은 본사나 구입하신 서점에서 교환해 드립니다.

차례

공부는 외롭다 __ 15
빗자루로 공부해 __ 17
공부에 집착하면 공부가 안 된다 __ 19
간절한 마음으로 공부하라 __ 23
우상을 버려! __ 26
공부의 감옥 __ 28
본분을 지켜라 __ 31
잃지만 말아라 __ 34

산 사람의 가르침과 죽은 사람의 가르침 __ 39
공부하는 이유 __ 41
네 영혼을 울려주는 이를 찾아라 __ 43
흉내는 그만둬! __ 45
자유로운 사고의 허구 __ 47
자유의 강요는 도리어 자유의 박탈 __ 49
너의 생각으로 보아라 __ 56

책만 읽는 것은… __ 60
평생 남에게만 물어볼 거냐! __ 62
경전과 어록에서 벗어나! __ 67
뜻도 모르면서 책만 태우니? __ 69
자세히 보라 __ 74
스승을 추켜세우지 말라 __ 77
스승의 사리가 적다고? __ 80
몸은 갇혀 있어도 세상을 꿰뚫어라! __ 82
뛰어나다, 못하다, 생각도 말라니까! __ 86

배우지 않고 배워라 __ 91
자신을 믿어라! __ 94
공부는 희망의 등불이다 __ 97
어디를 그렇게 쏘다니는가? __ 102
일상생활이 공부다 __ 104
하나에 안주하면 공부는 그만이다 __ 109
공부도 1층부터 필요하다 __ 112
네가 한 공부는 어디 있느냐? __ 114

배우는 스승 __ 116
말만 있고 자기 생각이 없구나 __ 121
결국 사람일 뿐이다 __ 124
앉을 곳이 있으면 깎아 없애라! __ 126
모든 걸 통달했을까? __ 130
1등은 무슨 1등 __ 132
바다 같은 공부 __ 136

저, 네 자신에게 물어라! __ 144
문과 세상 __ 155
나인가? 여러 개인가? __ 157
음에는 누구나… __ 159
참 많구나! __ 165
를 깨닫는 것은 나이와 상관없다 __ 167
마가 무얼 했건… __ 169
간의 의미 __ 170
혹할수록 깨달음을 향한 고민은 커진다 __ 173

쓸데없는 데 집착하지 말라 __ 175
진실하면 문제가 없다 __ 177
마음에 따라 그 뜻이 달라진다 __ 178
스스로에게 구하라 __ 180
우주·세계·천지를 공부하는 이유는? __ 182
타조같이 공부하는 사람 __ 184
진리를 아는 사람은 다투지 않는다 __ 186
스승의 가르침 __ 188
가장 철저하게 공부하는 사람은? __ 192
공부의 길은 스스로 그러함에 있다 __ 193
그만 입을 다무세요 __ 196
하나를 잃었다 한들… __ 198

스스로 갇혔다.

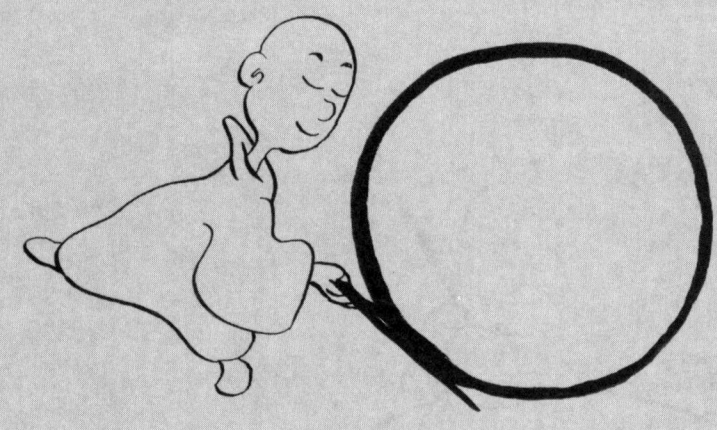

스스로 갇혔다고 생각할 뿐이다.

큰 소리에 놀라지 않는 사자와 같이
그물에 걸리지 않는 바람과 같이
흙탕물에 더럽혀지지 않는 꽃과 같이
무소의 뿔처럼 혼자서 가라

「숫타니파타」

의지하는 곳 없이 공부는 혼자 가는 길이다.

그들은 편견과 학문, 사상과 계율,
이러한 것들에 바탕을 두어 다른 이의 주장을
멸시하면서 자신의 주장을
정답이라며 기뻐하고 있다.
내 견해와 상반되는 자는 모두
어리석은 자, 무능한 놈이라고 비웃으면서…

진정 공부하는 사람은 다른 사람에게 이끌려 가지 않는다.
또 이 모든 것에 단정을 내려 고집하지도 않는다.
그러므로 논쟁을 초월해 있으며,
다른 여러 가르침을 우러러보지도 않는다.

「숫타니파타」

형식이나 계율을 고집하는 사람들은
생각을 많이 하면서 여러 가지 변명도 많이 늘어놓는다.
그러나 지혜로운 사람, 진리를 아는 이는
결코 잡다한 일을 벌이지 않는다.
그는 본 것, 들은 것, 생각한 것에서
멀리 떨어져 있다.
따라서 세상의 어떤 것도 그를 오염시킬 수 없다.
진리를 본 사람,
당당하게 자기의 길을 가고 있는 그를….

『숫타니파타』

공부는 외롭다

한 스님이 물었다.
"외롭고 힘없이 의지할 곳이
없을 때는 어떻게 합니까?"
"고단한 물고기는 숲속에 머물고,
병든 새는 갈대밭에 산다."

『설봉집』

무거운 마음의 짐 보따리를 내려놓고서
악착같이 집요한 솜씨를 지닌 사람처럼,
망정妄情을 싹 쓸어버리고
이제껏 배워서 이해한 주장이나
살 속에 착 달라붙어 있는 지식과 경험을
한꺼번에 엎어버려
대뜸 텅 비워야
공부에 이른다.

『원오심요』

* 망정(妄情) : 미망迷妄의 감정이나 의식.

공부에 집착하면 공부가 안 된다

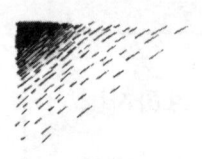

치주 수륙 화상에게 어떤 스님이 물었다.
"어떤 것이 배우고 공부하는 이가
마음 쓸 곳입니까?"
"마음을 쓰면 틀린다."

「전등록」

설봉 선사에게 한 스님이 물었다.
"헤아렸다 하면 천 리나 동떨어지게 되니
어떻게 갈고 닦아야 합니까?"
"천 리나 동떨어졌구나!"

「설봉록」

한 스님이 조주 선사에게 물었다.
"무엇이 근본 공부로 돌아가는 길입니까?"
"돌아가려 하면 곧 어긋나버린다."

「조주록」

모조리 처음부터 끝까지 사무쳐 눌러 앉고
꽉 쥐고 주인이 되어
끝내 다른 사람의 혀끝에서 나온 주장이나
고금의 가르침, 경계의 공안을 가지고
철칙으로 삼지 않는다.
그러므로 예로부터 조사, 선사, 스승들은
사람들에게 스스로 알아차리게
했을 뿐이다.

「원오심요」

* 공안(公案) : 화두, 석가모니의 말과 행동.
  조사가 깨달은 바나 제자들을 이끈 사실이 공부 규범이 되는 것.

간절한 마음으로 공부하라

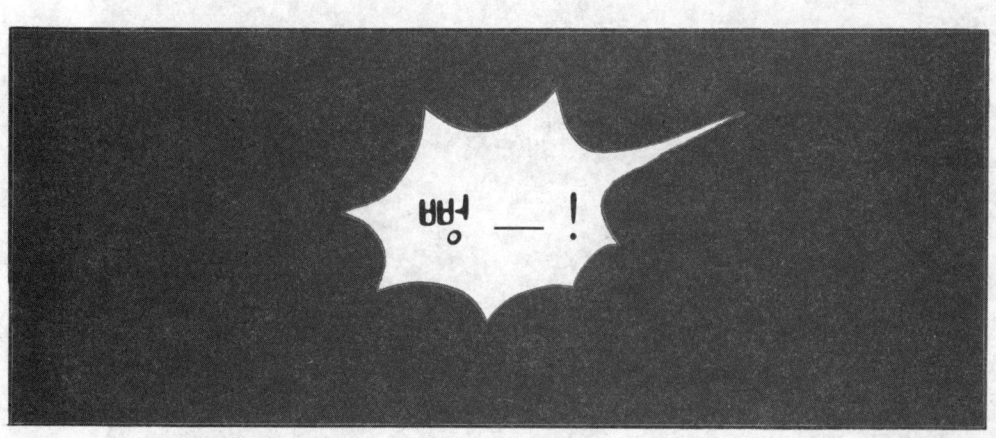

간절한 마음으로 공부하기를
닭이 알을 품듯이 하고,
고양이가 쥐를 잡을 때와 같이 하며,
굶주린 사람이 밥을 생각하듯이 하며,
목마른 사람이 물을 생각하듯이 하며,
아이가 엄마를 생각하듯이 하면,
반드시 꿰뚫을 날이 있을 것이다.

『선가귀감』

초당 선청 스님이
회당 조심 스님을 모시고 있을 때
회당 스님이 '바람과 깃발'
화두를 꺼내면서 물었다.
그러자 초당 스님이,
"아득하여 들어갈 곳이 없습니다."
하고 말했다. 이에 초당 스님이 말하였다.
"너는 고양이가 쥐 잡는 모습을 보았느냐?
두 눈을 부릅뜨고 깜빡거리지도 않고
네 발을 딱 땅에 버틴 채
꼼짝 않고서 집중하고는
머리와 꼬리를 일직선으로 곧추세운다.
그렇게 해서 쥐를 덮치면
잡히지 않는 때가 없다.
고양이와 같이 그렇게 망상 없이
공부하면 잘못됨이 없으리라."

「종문무고」

우상을 버려!

우상으로 삼는 공부는
스스로 공부를 망친다.

공부하고 배우는 그대들은
어떤 노스님들의 입에서 나온 말을 듣고는
그것이 참된 도道라고 하여
가르치는 이를 불가사의하다고 하면서
감히 저 노스님의 뜻을 헤아려 볼 수 없다고 한다.
이 눈먼 바보들아!
일생 동안 이러한 생각만을 내어서
멀쩡한 두 눈을 저버리고 마는구나!
싸늘하게 입다문 모습이
마치 빙판 위에 서 있는 나귀 새끼 같구나!
나는 감히 선지식善知識을 비방하여
구업口業 짓는 것을 두려워하지 않는다.

「임제록」

* 선지식(善知識) : 공부가 뛰어난 선사.
* 구업(口業) : 불교에서 말하는 삼업三業 가운데 하나로, 입에서 비롯하는 모든 죄.

공부하고 배우는 이들은
부처를 완전한 절대 경지라고 여기지 말라.
나에게는 그게 마치 뒷간의 변기로 보인다.
또한 보살과 나한은
모두가 목에 씌우는 칼과 족쇄같이
사람을 결박하는 물건이다.
그러므로
문수보살은 긴 칼을 비껴 들고서 고타마 싯타르타를 죽이려 하였고,
고타마 싯타르타는 고타마 붓다를 죽이려 했으며,
앙굴리마는 단도를 가지고서
세존을 해치려 하였다.

『임제록』

* 고타마 싯타르타(Gotama siddhartha) : 석가의 본명.
* 고타마 붓다(Gotama Buddha) : 붓다란 '깨달은 사람' 즉 현자賢者라는 뜻이고, 고타마 붓다란 '석가족 출신의 성자(석가모니)'란 뜻.

조주 선사가 한 스님에게 물었다.
"승당 안에 조사(祖師)가 있느냐?"
"있습니다."
"불러와 내 발이나 씻게 하여라!"

『조주록』

* 조사(祖師) : 본래는 선종의 창시자인 달마지만, 깨달음을 전해주는 고승, 한 종파를 열었거나 법맥을 이은 선승을 가리킨다.

본분을 지켜라

연나라 수릉의 한 젊은이가 조나라의 서울인 한단에 가서 그곳의 걸음걸이를 배웠다. 그러나 그는 한단의 걸음걸이를 제대로 배우기도 전에 본래의 걸음걸이마저 잊어버려 기어서 돌아오고 말았다(한단지보邯鄲之步).

「장자」

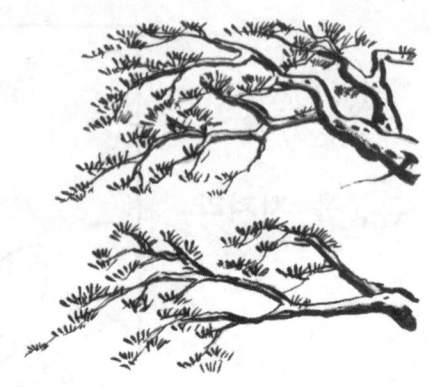

공부는 따로 얻음을 빌리지 않으니,
더럽혀지지 않으면 될 뿐이다.
선禪은 배움을 따로 빌리지 않건만,
머리 없는 보살은 부질없이
합장하고 다니고,
다리 없는 금강역사는
아무렇게나 주먹을 쥐었다 폈다 하는구나!

『황룡록』

축진원 지원 선사에게 한 스님이 물었다.
"어떤 것이 공부하며 배우는 사람입니까?"
"잃었느냐?"

「전등록」

한 스님이 조주 선사에게 물었다.

 "무슨 수단을 써야 이제껏 들어보지 못했던 것을 들을 수 있습니까?"

 "이제껏 들어보지 못했던 것은 그만두고, 이제껏 무얼 들어댔느냐?"

「조주록」

옛날에 원숭이 한 마리가 한 손에 콩을 한줌 쥐고 있었는데,
그만 실수로 콩 한 알을 땅에 떨어뜨리고 말았다.
그래서 손에 움켜쥔 콩을 모두 내팽개치고 한 알의 콩을 찾으려다가
아직 그 콩을 찾기도 전에 내팽개친 콩을
닭과 오리가 모두 먹어치웠다.

『백유경』

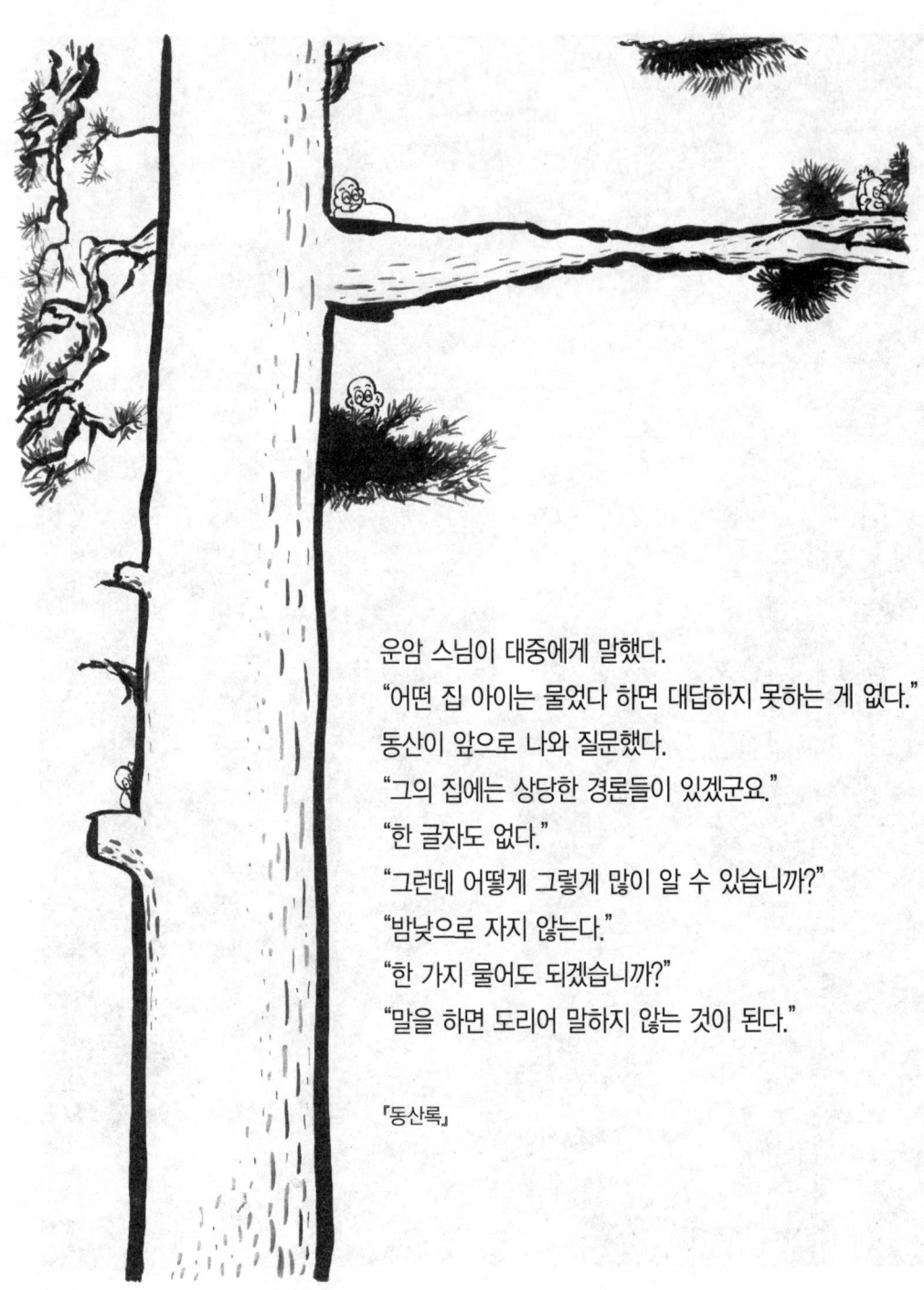

운암 스님이 대중에게 말했다.
"어떤 집 아이는 물었다 하면 대답하지 못하는 게 없다."
동산이 앞으로 나와 질문했다.
"그의 집에는 상당한 경론들이 있겠군요."
"한 글자도 없다."
"그런데 어떻게 그렇게 많이 알 수 있습니까?"
"밤낮으로 자지 않는다."
"한 가지 물어도 되겠습니까?"
"말을 하면 도리어 말하지 않는 것이 된다."

『동산록』

산 사람의 가르침과 죽은 사람의 가르침

제나라 환공이 당상에서 글을 읽는데
윤편씨가 밑에서 수레를 깎다가 물었다.
"감히 여쭙겠습니다. 공께서 읽으시는 것은
누구의 말씀입니까?"
"성현들의 자취라 하겠다."
"그 성현이 계십니까?"
"이미 떠나셨느니라."
"그렇다면 공께서 읽으시는 것은 옛사람의 찌꺼기로군요."
환공이 이 말에 발끈하며 말했다.
"과인이 글을 읽는데 수레나 깎는 주제에 뭘 안다는 게냐? 충분한 해명이 있어야 할 것이다.
그렇지 못하면 죽어야 하리라."
"신의 사례로 말씀을 드리겠습니다. 수레를 깎을 때 느슨하게 하면 헐거워서
견고하지 못하고, 꽉 조이면 빡빡해서 들어가지 않습니다. 느슨하지도,
꽉 조이지도 않으려면 손에서 얻어지고 마음으로 느껴져야 합니다.
입으로는 말할 수 없습니다. 제가 자식에게 가르치지 못하고
자식 역시 제게 배우지 못합니다. 그래서 제가 칠십이 되어도
수레를 만들고 있습니다.
그런데 옛사람들도 전하지 못하고 죽었을 것입니다.
그렇다면 공께서 읽으시는 것은
옛사람의 찌꺼기일 뿐입니다."

『장자』

공부하는 이유

모든 것을 깨달아 이 세계를 초월하는 사람이 되고자 합니다.

그런 사람이 있단 말이냐? 제발 보여다오!

공부는 땅과 하늘 사이에서 제대로 살고자 함이다.

한 스님이 조주 선사에게 물었다.

 "하늘과 땅을 초월하는 사람은 누구입니까?"

 "그런 사람이 있거든 빨리 알려다오."

한 스님이 다가와 물었다.

 "일을 다 마친 사람은 어떻습니까?"

 "정작 큰 수행을 하지!"

 "스님께서도 수행을 하십니까?"

 "옷 입고 밥 먹는다."

 "옷 입고 밥 먹는 것은 일상생활인데 수행이라고 할 수 있습니까?"

 "그럼, 말해보아라. 내가 매번 무엇을 하더냐?"

「조주록」

**네 영혼을
울려주는 이를
찾아라**

광혜 원련 선사가 날마다 밥 짓고 불을 때면서도 틈이 나면 경전을 외우니 진각 선사가 이를 보고 물었다.
"무슨 경을 외우느냐?"
"유마경입니다."
"경은 여기 있는데 유마는 어디에 있느냐?"
원련이 대답하지 못했다.

「나호야록」

앙산이 사미승이었을 때 종 화상의 밑에서 공부한 적이 있었다.
동승들이 방에서 경을 읽고 있는데 종 화상이 물었다.
"누가 여기서 경을 읽고 있느냐?"
"저 혼자 경을 읽고 있습니다."
종 화상이 꾸짖었다.
"경 읽는 소리가 꼭 노래 부르는 소리 같구나! 그렇게도 경을 읽을 줄 모르느냐?"
"저는 그렇다손 치더라도 스님께서는 경을 읽을 줄 아십니까?"
"알지!"
"그럼, 스님께서는 어떻게 읽으십니까?"
종 화상이 '여시아문如是我聞…' 이라고 할 찰나 앙산이,
"그만! 그만두십시오!"
했다.

『앙산록』

빗방울 소리를 빗방울 소리라 하면 빗방울에 사로잡힌 것이고, 빗방울 소리가 아니라고 하면 현실을 바로 표현하지 못한다. 자유로운 사고는 오히려 현실을 놓치기 쉽다.

경청 화상이 한 스님에게 물었다.
"문 밖에 들리는 게 무슨 소리냐?"
"빗방울 소립니다."
그러자 경청 화상이 말했다.
"너는 빗방울에 사로잡혀 있구나."
스님은 이 말에 이어 물었다.
"스님께서는 저 소리를 무엇으로 들으십니까?"
"자칫하면 나도 사로잡힐 뻔 했지."
"자칫하면 사로잡힐 뻔 하셨다니, 그건 또 무슨 뜻입니까?"
"속박에서 벗어나 자유로워지기는 그나마 쉽지만,
있는 그대로 현실을 표현하기는 더 어려운 법이다."

『벽암록』

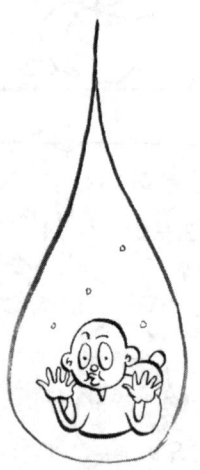

공부하여 마침내 얻은 사람들이 나아간 자취를 보십시오.
어찌 고정된 틀을 지켰겠습니까?
여기에서 그 변화를 관찰한다면 그 마음을 완전히 살필 수 있습니다.
그 마음을 살피고 나면 자유로운 곳이 있으며,
자유로움이 있고 나면 다른 것에 이끌리지 않습니다.
다른 것에 이끌리지 않으면 어디를 간들 마음대로 되지 않겠습니까?

「원오심요」

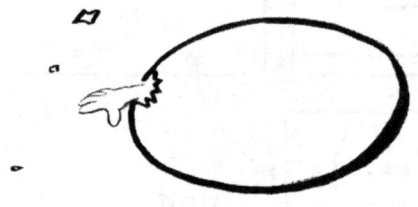

요즘 공부하고 배우는 사람들이 노력을 하지 않는 것은 아니지만,
대개는 그저 공안이나 기억하고 예전과 지금을 비교하여 따지고
말을 외워 복잡한 이론을 풀고 내세우는 주장만을 배운다.
그러니 어느 때에 '될 수 있겠구나' 생각하겠는가!
그렇게 한다면 너저분한 잡동사니만을 불러낼 뿐이다.

『원오심요』

"무엇이 달마 조사가 서쪽에서 오신 뜻입니까?"
"머리를 이고 있으나 책을 짊어지지는 않았다."

「양기록」

위산 영우는 향엄 지한이 예사롭지 않음을 알고
일깨움을 주기 위해 이렇게 말했다.
"나는 그대가 평생 동안 알아온 견해와 경전, 책에서 외워 가진 것을 묻지 않는다.
다만 세상의 구별과 분간 이전의 근본을 나타내는 말을 깨달으면 그대에게 자리를 내주겠다."
고민하던 지한이 몇 마디 대꾸했으나 위산은 인정하지 않았다.
"화상께서 직접 말씀해주십시오."
"내가 말하면 나의 견해일 뿐이니 그대에게 무슨 도움이 되겠는가?"
지한이 방에서 나와 자기 거처에서
그동안 모아놓은 수많은 어구들을 뒤졌으나
위산의 말에 대꾸할 만한 게 없었다.
그러자 지한은 탄식하며 말했다.
"그림의 떡으로 시장기를 면할 수는 없구나."
그리고는 모든 것을 태워버리고 떠났다.
여러 곳을 다니다 위산은 남양 충국사 옛터에 이르러
잡초를 베다가 던진 기왓장이 대나무에 맞는 순간
그 소리에 깨달았다.

「전등록」

방대한 경전의 주석서를 가죽부대에 불과한 몸뚱이에 꽉 채우고,
가는 곳마다 이리저리 헤아린다. 화롯가에 서넛이 머리를 맞대고
입을 놀려 시끄럽게 떠들면서, 이것은 귀공의 재치 있는 말이고,
저것은 상황에 맞추어 좋은지 나쁜지도 모르면서
얼렁뚱땅 머리를 모으고 복잡한 이론을 설명하는 자는
내게 그런 꼴 보이지 마라.
잡아다가 살펴보고 맞지 않으면 허리를 꺾어놓겠다.

「운문록」

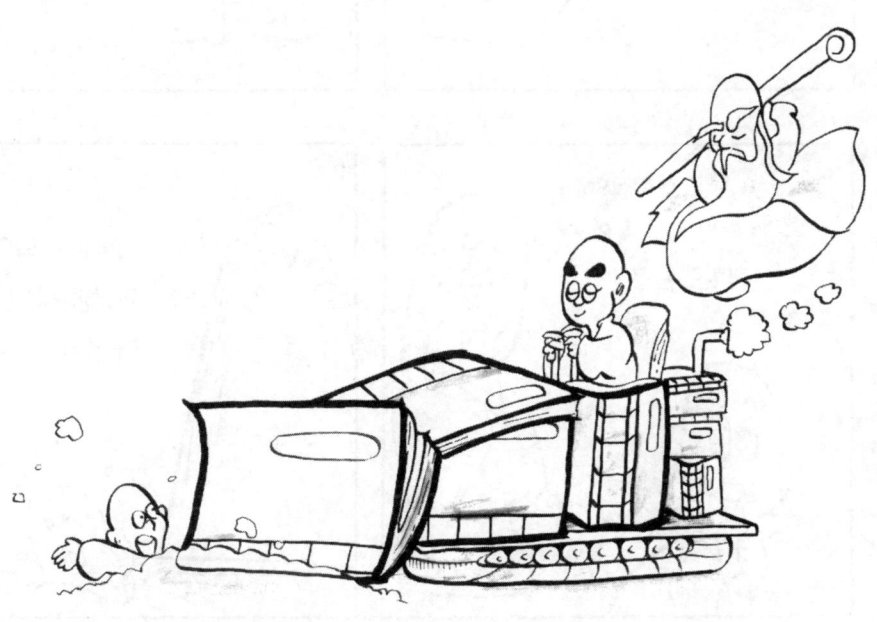

너의 생각으로 보아라

사람마다 모두가 하늘 같고 땅과 같은 안목이 있으니
망령된 생각에 매달려 거꾸로 보지 말아라.
황하의 수많은 모래알같이 그것을 다 삼켜도
내 것이 안 되면 무슨 뜻이 있겠는가!

「설봉록」

몸소 겪어보지 않았다면 아무리 좋은 글귀를 많이 읽어도 소용없다.
잘 외워도 훌륭한 것이 없다. 목동이 소를 아무리 많이 세어도
그건 주인의 소이지 자신의 소는 한 마리도 없는 것과 같다.

「증일아함경」

경전을 볼 때 자신의 마음속에 깊이 새기고 성찰하여 공부하지 않는다면, 비록 팔만대장경을 다 보았다 해도 아무 소용이 없다.

「선가귀감」

책의 포로는 세 가지이다.
· 직접 책을 지고 다니는 사람.
· 책에 줄로 묶여 있는 사람.
· 책과 떨어져 있으되 결코 벗어나지 못하는 사람.

은산 찬 선사는 처음 『원성어록』을 보고서
매우 기뻐한 나머지 그 책을 가지고 돌아와서 읽었다.
그런데 끝까지 보지 않고서 책을 덮으니 시자가 물었다.
"무슨 까닭에 처음에 기뻐하시다가 갑자기 덮어버리십니까?"
"부처를 마른 똥막대기라 여겨도
오히려 사람 마음을 번잡하게 여기는 것인데,
하물며 세간의 이론과 문장이야 말할 게 있겠느냐!
내가 책을 덮는 것은 그런 병폐를 미리 막고자 함이다.
옛 스님은 말씀하셨지.
'배우는 이가 언어 문자에 빠지는 것은
마치 그물망에 바람을 불어넣어 부풀기를 바라는 일이니,
어리석은 자가 아니면 미친 사람일 것'이라고."

『고애만록』

평생 남에게만 물어볼 거냐!

네가 바로 전문가요,
참고문헌이며,
대사상가다.
그래야 공부에
태만과 실수가 없다.

어째서 남에게 질문을 받으면,
'나는 모른다. 다른 사람에게 물어보아야만 한다' 하는가?
그렇게 말하면 그대는 부모님이 길러주실 때 부모님에게 어째서 묻지 않았던가?
그대가 갓 태어났을 때 그대의 이 몸뚱이를 보는 순간 '사내아이'라고 말했는지,
아니면 남들에게 일일이 물어본 뒤에야 비로소 '사내아이'란 걸 알았는지를….
그대가 그렇게 하나하나 사람들에게 물어본다면 언제 공부를 통해 자유자재함을 알겠는가?
그대는 그대대로 부족함 없이 완전하고,
아버지는 아버지대로, 어머니는 어머니대로, 형제자매도 모두들 스스로 완전하다.
사람사람이 다 그렇고, 진리도 다 그렇다.

「현사록」

어느 날 함께 경학을 하던 개介 선사가 같이 공부하는 사람이
경전 읽는 모습을 보고 물었다.
"그대는 훗날 자리를 얻어 법의法衣를 걸친다면
어떻게 배우는 사람들을 가르치겠는가?"
그 스님이 읽던 경을 건네주니,
개 선사가 경전을 책상 위에 내팽개쳐버렸다.
그 스님이 또다시 책을 집어들고 낭랑한 소리로 경을 읽자
개 선사는 그만두고 가버렸다.

『고애만록』

장 무진 선사가 동로아 집에서 『유마힐소경』을 빌려와서, 그 책을 읽고 있는데 한 스님이 물었다.

 "무슨 책을 읽고 계십니까?"

 "유마힐이 설한 내용을 적은 경이오."

 "이 경을 숙독한 뒤 무불론無佛論을 지으십시오."

「종문무고」

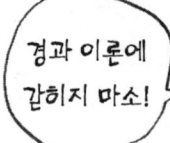 

*무불론(無佛論) : 불교는 없다는 논설.

경전과 어록에서
벗어나!

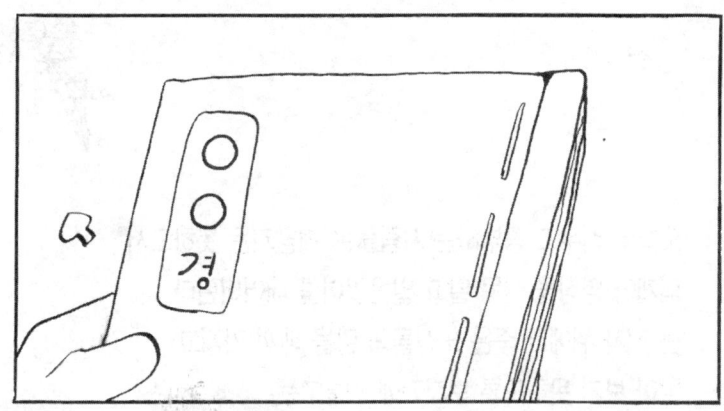
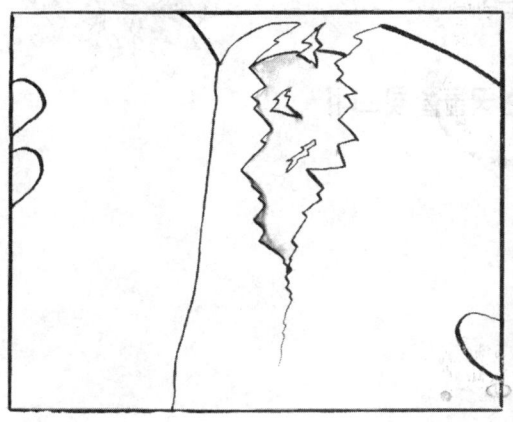
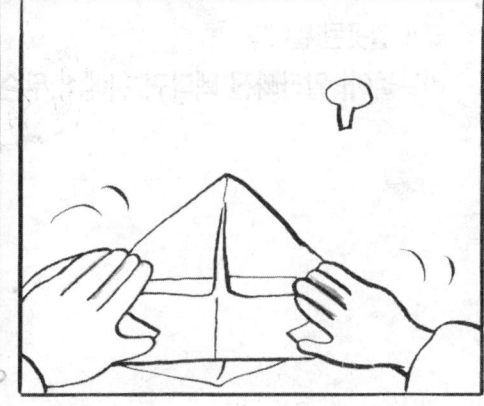

오늘날 배우고 공부하는 사람들은 깨닫지는 못하고서,
대개가 명칭을 잘못 알고 알음알이를 내어버린다.
큰 책자 위에다 죽은 노장들의 말을 베껴 가지고
남이 보지 못하도록 보자기에 싸놓고는
그것을 오묘한 이치라 하면서 애지중지하는데,
크게 잘못된 일이다.
바보들아! 말라빠진 뼈다귀 위에서 무슨 국물을 찾느냐!

「임제록」

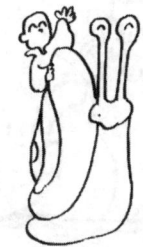

응진 화상이 혜충 국사에게서 비밀스런 책을 받아 보관했다.
혜충 국사는 자신이 죽은 지 30여 일이 지난 뒤 남쪽에서 큰 인물이 날 것이니 그에게 책을 주라고 하였다.
응진 화상은 앙산의 됨됨이를 보고 그 책을 주면서
60여 년간 소중히 보관한 비책 – 『원상본』을 전해주었다.
그러나 앙산은 한번 읽고는 즉시 태워버렸다.
"지난번에 준 책은 어찌했느냐?"
"태워버렸는데요."
응진이 깜짝 놀라며 말했다.
"아니, 그렇게 소중한 책을 태우다니…."
"한번 보고 뜻을 알았으니, 그따위 책을 갖고 있을 필요가 있습니까?"
"너는 한번 보고 알았으나 후세 사람들은 그 책이 없으면 뜻을 모르질 않느냐?"
"그렇게 소중한 책이라면 제가 써서 만들어놓겠습니다."
앙산이 그 자리에서 일필휘지하니 태워버리기 전의 원본과 다를 바 없었다.

『벽암록』

한 사람이 길을 가고 있는데 목이 몹시 말랐다.
날씨는 무더워 햇볕이 쨍쨍 내리쬐고 있었다. 그가 여기저기 물을 찾고 있는데,
저 멀리서 마침 물이 보였다. 그러나 그것은 신기루였다.
그렇게 신기루를 좇아가다 보니 어느새 인더스 강에까지 이르게 되었다.
그러나 그는 물을 마시지 않았다. 옆에 있던 사람이 물었다.
"당신은 목이 말라 물을 찾아왔다고 했잖소. 그런데 왜 물을 마시지 않는 거요?"
"당신이나 마셔요. 물이 너무 많아요. 이것을 어떻게 다 마셔요."

필요한 만큼만 취할 생각을 하지 않으면 오히려 아무것도 취할 수 없다.

「백유경」

들을 때는 들리는 것만 있게 하고,
볼 때는 보이는 것만 있게 하고,
생각할 때는 생각만 있게 하라.

「아함경」

한곳을 정확히 보아라—!

밥을 먹을 때는 몸과 마음 전체가 밥이 되어 밥을 먹어라.
이렇게 하면 이 삶의 순간순간에 그대의 몸과 마음 전체를 집중하게 되니,
여기에 마음 공부가 따로 없고 몸 공부도 따로 없다.

『십이시법어』

자세히 보라

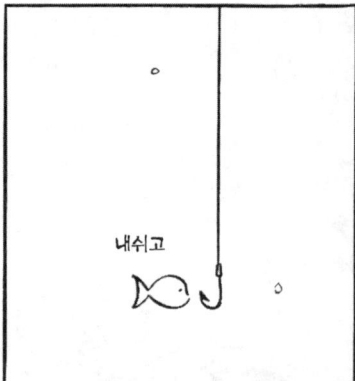
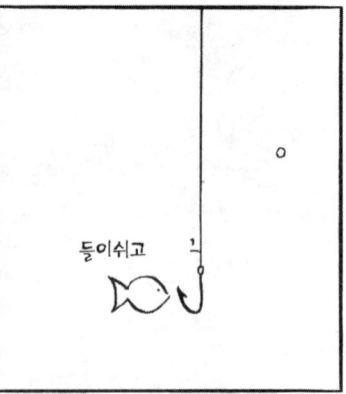
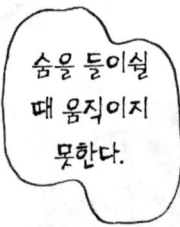
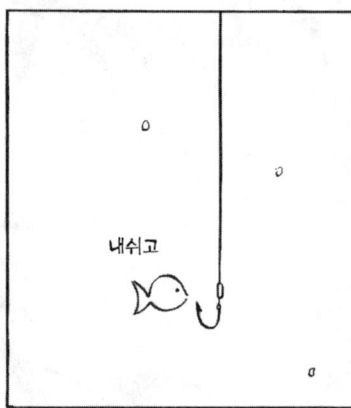

주둥이에서 얻지도 말고, 낡은 책에서 얻지도 말고,
여러 곳, 총림의 노스님에게서 얻으려 하지도 말라.
그렇지 않다면 어디에서 얻어야 옳은가?
모름지기 자세히 살피는 것이 좋을 것이다.
만약 지금 그렇게 깨치지 못하면 백겁 천생을 지나도 역시 깨치지 못한다.

「설봉록」

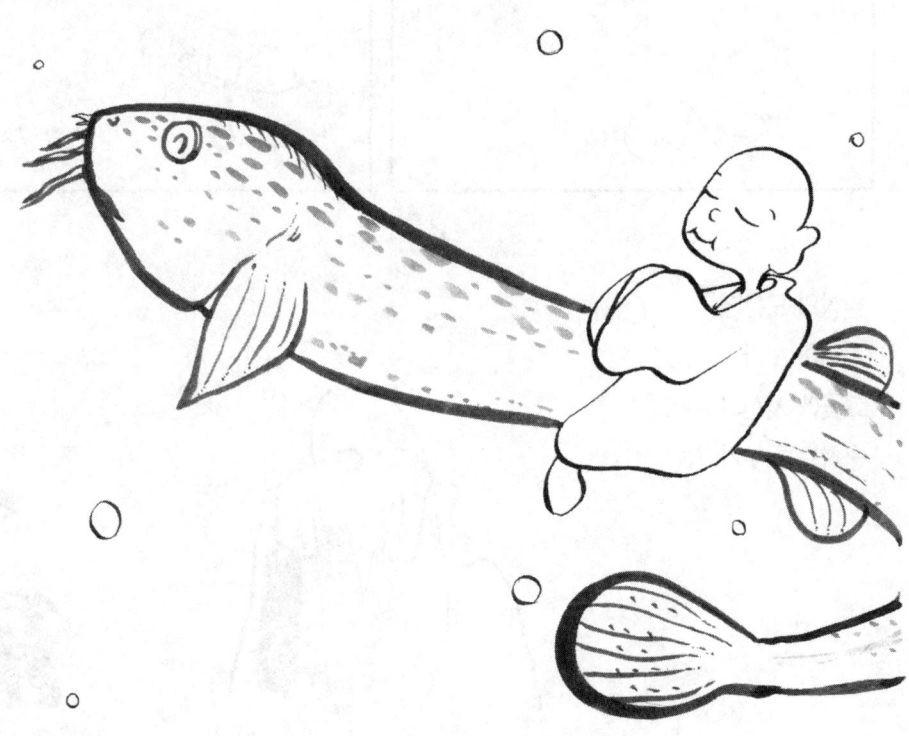

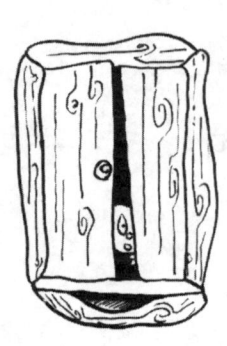 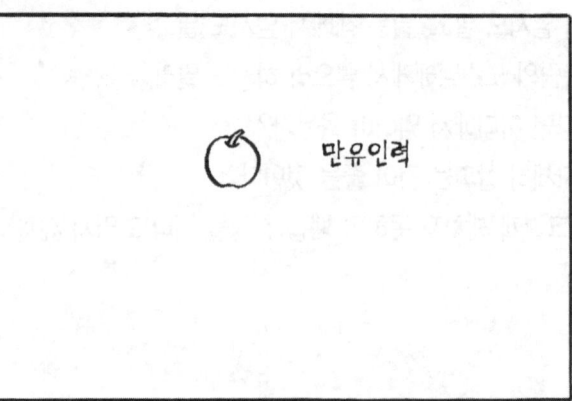

일상의 모든 걸
자세히 보라.
그곳에 자신과 세상을
구하는 공부가 있다.

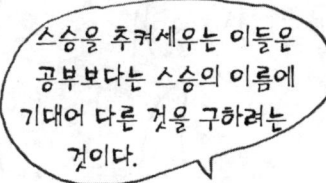

만일 스승에게 드러낼 만한 선禪이 없다면 말을 하지 않는 것이 옳다.
억지로 선이 있는 것처럼 꾸며대다가 다른 사람들이 쑥덕거리게 되면,
그것은 도리어 스승을 욕되게 하는 것이다. 스승에게 잘못된 부분이 있으면
간언해야 하는데도 옳은 일이라 하고 순종하다가는 다른 사람들로 하여금 쑥덕거리게 하니,
그것은 스스로 스승의 비리를 들춰내는 것과 같다.

「산암잡록」

한 스님이 물었다.
"진리 탐구는 먼데 어떻게 마음을 써야 합니까?"
"그대는 앞사람이나 뒷사람이 천하를 장악했는데도,
죽을 때가 되어서는 자기 몫이 반 푼어치도 없다는 것을 모르는가?"

「조주록」

내가 요사이 여러 곳의 큰스님들이 열반하던 일을 살펴보니,
그 제자들이 행장을 잘 갖추어 이름난 사람에게 비명을 부탁하되,
거기에는 반드시 태어날 때 부모의 남다른 태몽을 기록한다거나,
죽어 화장했을 때 치아와 염주 등이 부숴지지 않았고
사리가 수없이 나왔노라 기록한다.
이러한 몇 줄의 문장이 없는 경우에는,
큰스님들이 되지 못한 제자들이 바른 이치를 알지 못하고
부질없이 거짓말을 꾸며 스승에게 도리어 욕을 끼친다.
이것이 과연 스승을 위하는 일인가?
『전등록』에 실려 있는 1,700분의 선지식 가운데 사리가 나왔던 분은 14분이고,
『승보전』에 실려 있는 81분의 선사 가운데 사리가 있었던 분은 몇 사람에 불과했다.
내가 두려워하는 것은 후세의 승려들이 서로서로 이러한 일을 모방하여
거짓말을 조작하고 부질없이 제 스승을 미화하느라
그 사실을 비석에 새겨 다른 이들이 이를 읽어보고
도리어 남다른 기적이 있는 스님들까지 의심하게 만드는 일이
생기지 않을까 하는 점이다.

『산암잡록』

몸은 갇혀 있어도 세상을 꿰뚫어라!

약산 유엄이 경을 읽고 있는데 어떤 스님이 물었다.
"스님께서는 평소 남들에게 경을 보지 말라고 하시더니, 어찌하여 스님은 보십니까?"
"나는 다만 눈을 가리려는 것일세."
"제가 스님을 본받아도 되겠습니까?"
"만일 그렇다면 자네는 소가죽도 꿰뚫어보아야 하리라."

『전등록』

비록 공부하는 곳이 별 볼 일 없어 보여도
그곳이 세상의 중심이다.

동산이 대중 앞에 나아가 말했다.
"첫가을 늦여름에 그대들은 동쪽이건 서쪽이건
모름지기 만 리에 한 치의 풀도 없는 곳을 향해 떠나야 한다.
그 만 리에 한 치 풀도 없는 곳을 향해서는 어떻게 가야 할까?
석상이 이르되 '문을 나서기만 하면 그대로가 풀밭'이라 하였고,
대양이 이르되 '설사 문을 나서지 않는다 하더라도 역시 풀밭이 무성하다' 하였다."

「종용록」

자기 자신을 다른 사람보다 뛰어나다거나 못하다고,
혹은 다른 사람과 동등하다고도 생각지 말라.
사람들에게서 질문을 받을 때는 굳이 자신을 돋보이려 애쓰지 말라.

「숫타니파타」

만약 어리석은 사람이 자신의 어리석음을 깨닫는다면
그가 곧 슬기로운 사람이다.
그러나 어리석은 사람이 스스로 슬기롭다고 생각한다면
그야말로 어리석은 사람이다.

「법구경」

어렵다고도 쉽다고도 생각지 말라.
그러한 구분에 빠지는 순간,
항아리같이 깨지는 게 공부다.

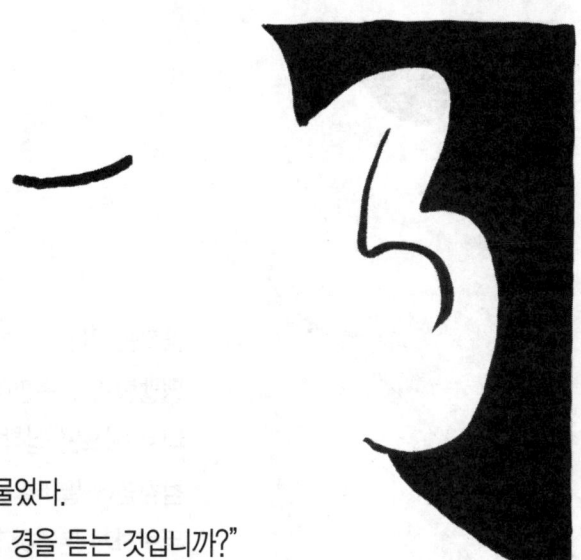

신산 승밀 선사에게 어떤 스님이 물었다.
"어떤 것이 듣는 바가 없는 사람이 경을 듣는 것입니까?"
승밀 선사가 이에 응하여 말하였다.
"그 까닭을 알고자 하는가?"
"예, 알고자 하옵니다."
"경을 들을 줄 모르는구나!"

「전등록」

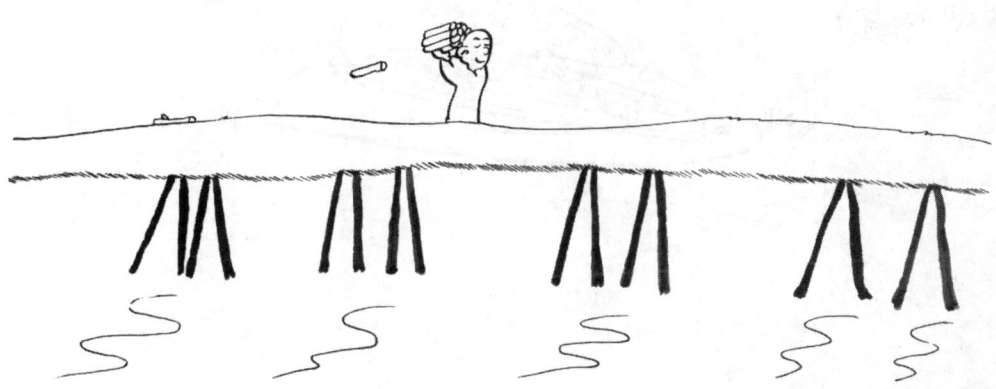

공부는 거문고 줄을 고르는 법과 같아서
팽팽함과 느슨함이 알맞아야 한다.
너무 애쓰면 집착하기 쉽고, 잊어버리면
캄캄함에 떨어질 것이다.
뚜렷하게 분명하게 하며,
차근차근 끊임없이 해야 한다.

『선가귀감』

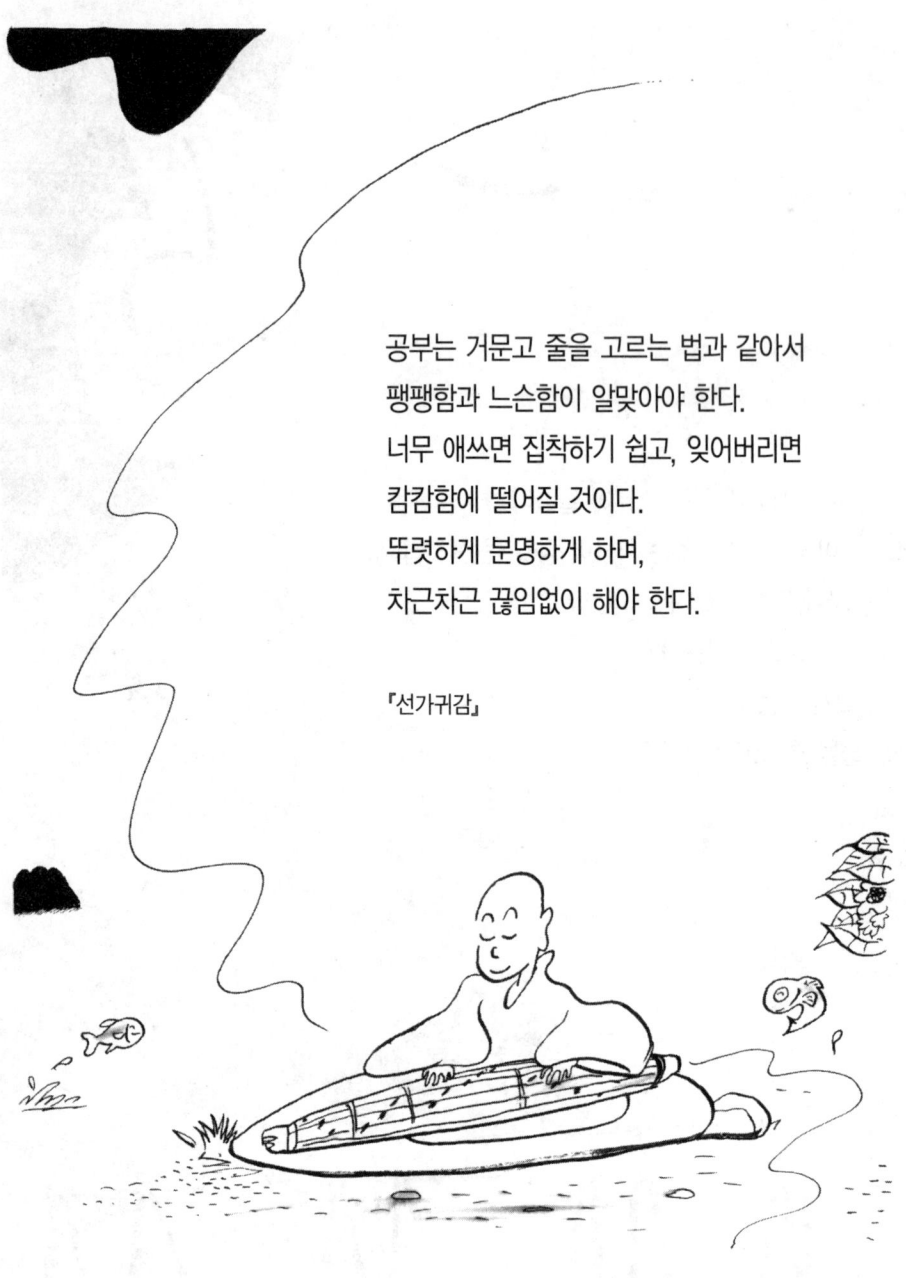

배우지 않고 배워라

학문, 계율, 도덕만으로 삼는 공부로는
세상이 깨끗해지지 않는다.

사람이 순수해지는 것은 교리에 의존해서도 아니고, 학문에 따라서도 아니고,
지식이나 도덕에 따라서도 아니다. 교리 없이, 학문이나 지식 없이,
계율이나 도덕을 무시해서 순수해질 수 있는 것도 아니다. 긍정도 부정도 하지 말고,
어떤 것도 고집하지 말고, 어떤 것에도 구애되지 않아야 한다.

「숫타니파타」

하루는 설봉 스님이 현사 스님에게 물었다.
"그대가 그 절의 주지를 해보니 어떤 이들이 그대에게 가까이 의지하던가?"
"모든 것을 배워서 아무것도 배운 것이 없는 사람입니다."
"나는 그렇게 말하지 않겠다."
"옳은 말씀입니다. 저도 그렇게 말하지 않겠습니다."
"그럼, 어떻게 말하겠는가?"
"배우지 않고서 모든 것을 다 배운 사람이라 하겠습니다."

『설봉록』

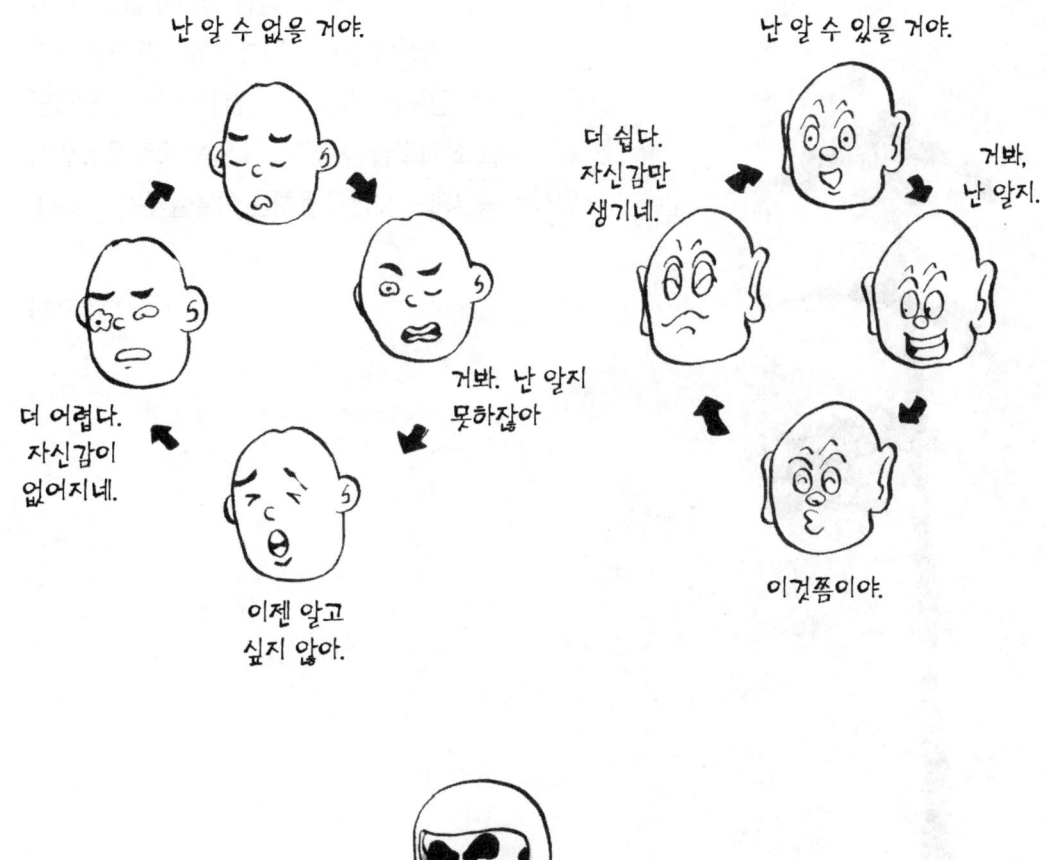

"자신을 결코 의심하지 말라."(달마)

「전등록」

어떤 이가 공부하는 곳에 오랫동안 머물면서
공부를 안 한 것은 아니나,
깨닫지 못하는 원인은 어디에 있는가?
이 원인은 신심信心이 두텁지 못한 데 있다.
반신반의하고 할 듯 말 듯 주저하여
확고부동한 의지가 없는데다가
자신의 전부를 내놓지 않았기 때문이다.
맹렬히 앞으로 나아가되 한결같이 밀어붙인다면
비로소 깨달을 수 있다. 이 말은 오래 있으면서
열심히 공부해도 깨닫지 못하는 이들을 위한 말이다.

「고애만록」

공부는 희망이 등불이다

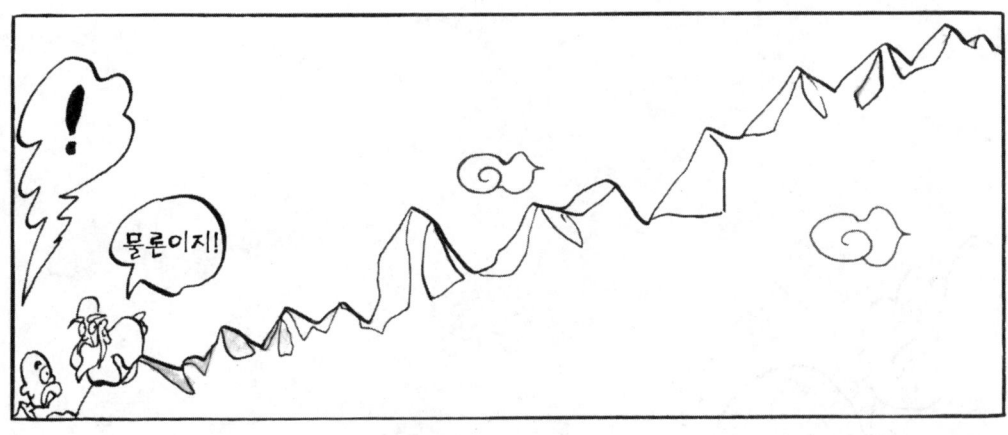

나도 할 수 있다는 희망,
공부는 희망이 등불이다.

한 젊은이가 재물을 모으려고 노력하였다.
어느 날은 많은 재물을 모을 생각을 하니 아득하기만 했다.
그래서 그나마 모은 재물을 강에 던져버렸다.
그러자 옆에 있던 사람이 말했다.
"그 재물을 불릴 생각을 해야지,
지금 적다고 버리면 희망마저 버리는 게 아닌가?
그래서는 재물을 영원히 모을 수 없다네."
그 젊은이는 곧 후회하고 말았다.

「백유경」

여러 공부하는 이들이여!
어느 것이 돌아다닌 산천이며,
어느 것이 찾아다닌 스승이고 선禪이며,
어느 것이 물을 도道이더냐?
밖에서 구하면 그대를 쫓아낼 것이며,
안에 안주하면서 구하면 그대를 속박할 것이다.
그러니 안도 바깥도 아니다.

「황룡록」

진경 우연 선사에게 어떤 스님이 물었다.
"여러 사람이 금을 찾을 때, 누가 찾고 얻습니까?"
"개울가에서 모래를 헤치는 것은 헛수고일 뿐이다.
집 안에 보물이 있으니 속히 돌아가라."
"그러면 끝내 남에게서 얻는 것이 아니겠습니까?"
"설사, 그대에게 산을 메는 힘이 있다 하여도
금을 자신의 어깨에 메고 있음을 면할 수 없다."

「전등록」

그대들은 시간을 아껴야 하거늘
바깥으로만 분주히 돌아다니며 허둥대면서 배우려 한다.
명문과 글귀를 잘못 알면서 진리를 구하고
스승을 찾아 뜻을 헤아린다.
그런 잘못을 범하지 말라.
공부하고 배우는 이들이여—

「임제록」

어디를 그렇게 쏘다니는가?

그대들은 부산하게 세상 모든 곳을 쏘다니며
무엇을 구하고 발가락이 판대기가 되도록 밟고 다니느냐?
구할 부처도 없고, 이룰 도도 없으며, 얻을 법과 진리도 없다.

설혹 있다고 해도 모두가 명칭과 말, 개념과 문장일 뿐이니,
어린아이를 달래고 병에 따라 약을 쓰는 것과 같다.

「임제록」

일상생활이 공부다

청원 행사가 혜능의 이름을 높이 듣고 혜능에게 가서 물었다.
"어떻게 해야 차별과 편견에 떨어지지 않습니까?"
"혜능 조사가 대답을 따로 하지 않고 되물었다.
"그대는 지금까지 어떻게 공부했는가?"
"훌륭한 선사들의 이론마저 갖지 않았습니다."
"어떤 차별과 편견에 떨어졌는가?"
"선사들의 이론과 논리마저 짓지 않았는데 무슨 분별과 차별이 있겠습니까?"
혜능 조사가 기특하게 여기고 언제나 무리의 머리맡에 있게 하였다.

「전등록」

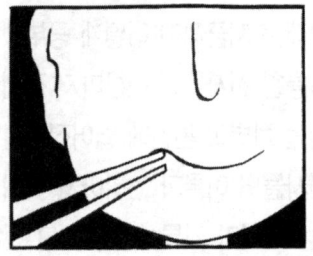

수없이 많은 사람들이 밥을 먹다가 세상을 구하는 진리를 깨달았다. 일상사가 모두 공부다.

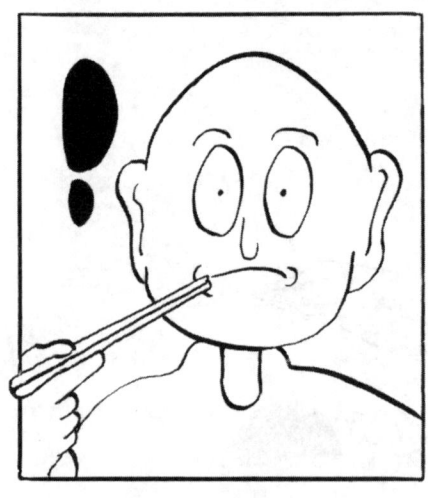

"어떤 것이 배우고 공부하는 사람의 본분입니까?"
"아침에 일어나서는 '안녕하십니까' 하고,
저녁에는 '안녕히 주무십시오' 하는 것이다."

「전등록」

개선 도겸 선사는 원오 극근을 찾았으나 공부의 결실을 얻지 못했다.
그 뒤 묘희를 따라 처남산에 살았다.
묘희가 장위국공에게 편지를 전해주려 도겸을 심부름 보내고자 했다.
그러나 도겸은 가고 싶지 않았다.
"내가 20년 동안 열심히 공부했건만 지금껏 아무것도 깨친 바가 없는데,
다시 이 길을 가게 된다면 내 공부가 치명적으로 황폐해질 것이오."
이렇게 말하자, 같이 공부하던 죽원 암주 종원이 말했다.
"길을 간다고 공부를 못하는 것은 아니니, 내가 자네와 함께 가겠네."
그러자 도겸은 마지못해 길을 떠났는데 가면서도,
"평생 공부해도 깨달음이 없구나!"
하며 하소연했다. 그러자 종원이 말했다.
"가는 동안 공부할 수 있도록 내가 잡일을 대신해주겠네."
그러면서 다시 말했다.
"다만, 다섯 가지만 빼고 말이네."
"그게 뭔가?"
"옷 입고, 밥 먹고, 똥 싸고, 오줌 누고, 자네를 끌고 가는 일이네."
도겸은 이 말에 퍼뜩 깨닫는 바가 있어 자신도 모르게 너울너울 춤을 추었다.
"사형이 아니었다면 내가 어떻게 이런 진리를 얻었겠는가!"

『총림성사』

하나에 안주하면 공부는 그만이다

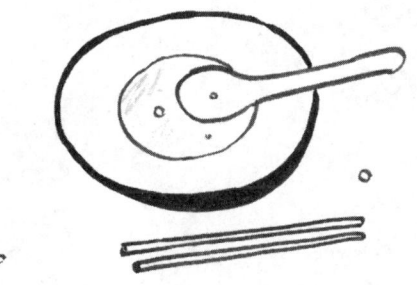

아무리 옳다 해도
하나에 안주하면
공부는 그만이다.

공부하는 어떤 사람은 문득 속으로 '나는 알아버렸다.
진리는 본래 아무 일 없는 데 있고 누구나 다 갖고 있다.
종일토록 밥 먹고 옷 입는 데 무엇이 조금이라도 부족한가' 하면서
일상의 경계에 안주해버린다.
이러한 것이야말로 진리가 있는 줄을 모르는 것이다.

「원오심요」

"공부하는 사람은 어떻게 하루 종일 그 단계를 밟아가야 합니까?"
"걸음걸음 밟아가야지."

「법안록」

공부도 1층부터 필요하다

한 사람이 이웃 마을에 갔다가 화려한 누각을 보자 너무도 부러웠다.
'나는 저 사람보다 재산이 많으면 많았지 적지 않은데 내겐 왜 저런 집이 없지?'
그 사람은 그 집을 지은 목수를 찾아가 말했다.
"저 집과 똑같이 내 집을 만들어주게."
목수는 땅을 파고 기둥을 세우고 돌을 쌓으면서 집을 지어갔다.
"자네 지금 뭘 하는 건가?"
"네, 부탁하신 삼층집을 짓는 중입니다."
"난 아래층은 필요 없어. 저 멋있는 삼층만 필요하네."
"아래층 없이 어떻게 3층을 만듭니까?"
"저 집을 만든 게 자네 맞나? 만들 수 없다면 다른 사람을 알아봐야겠군."

바탕 없이 남의 성공을 부러워하는 것은 공중에 뜬 누각과 같다.

「백유경」

네가 한 공부는 어디 있느냐?

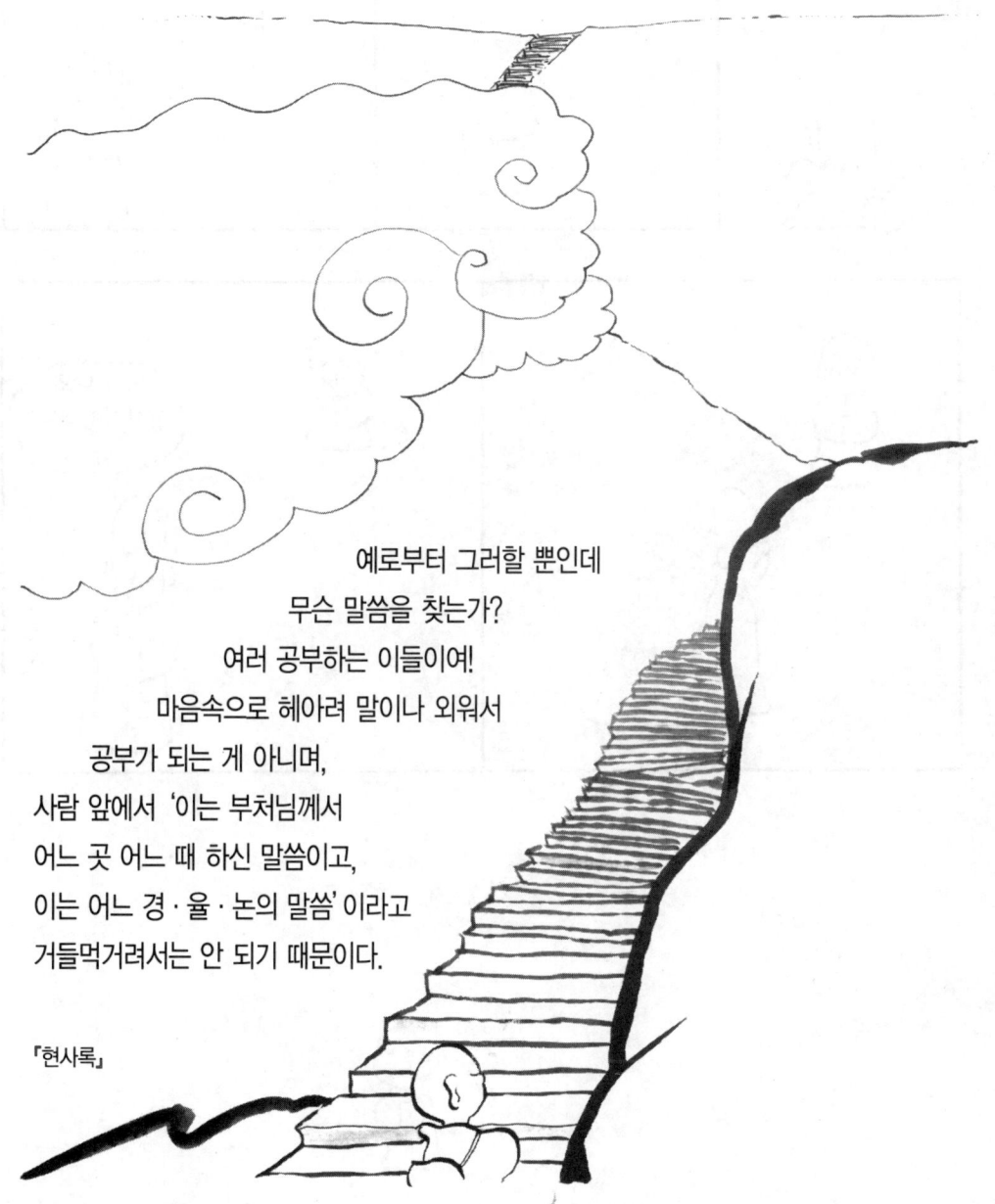

예로부터 그러할 뿐인데
무슨 말씀을 찾는가?
여러 공부하는 이들이여!
마음속으로 헤아려 말이나 외워서
공부가 되는 게 아니며,
사람 앞에서 '이는 부처님께서
어느 곳 어느 때 하신 말씀이고,
이는 어느 경·율·논의 말씀'이라고
거들먹거려서는 안 되기 때문이다.

『현사록』

배우는 스승

그대들은 각자 자기 광채를 돌이켜 살필지언정 내 말을 기억하려 들지 말라.
옛날부터 끝없이 밝음을 등지고 어둠을 향하여 허망을 좇아
뿌리가 깊어서 단번에 없애기 어렵게 된 그대들이 가엾다.
그러므로 거짓으로 방편을 베풀어서 수많은 티끌같이
많은 겁 동안 쌓인 그대들의 굵은 알음알이는 마치 단풍잎으로
우는 아기를 달래는 것과 같다.

공부하고 배우는 이들이여! 내 말을 곧이듣지 말라.
왜냐하면 내 말은 아무 근거가 없어서 그때그때 임시로 허공에다
그림을 그리는 격이며, 생긴 모습대로 채색하는 것과 같다.

「임제록」

내가 이런 말 저런 말을 하면 너희들은 그 말을 좇아다니며 찾는데,
내가 만약 영양이 나뭇가지에 뿔이 걸려 숨어버리듯이
자취를 감춘다면 너희들은 어디 가서 더듬거리며 찾겠느냐?

「설봉록」

설봉선사가 한 스님에게 물었다.
"어디에서 왔는가?"
"암두 스님의 회하에서 왔습니다."
"암두 스님께서는 어떤 말씀을 하시던가?"
그 스님이 대답하자,
"스승의 말이나 기억하는 놈이 왔구나!"
하면서 몽둥이로 20여 대를 때려서 내쫓았다.

「설봉록」

암두 전활 선사에게 어떤 스님이 찾아와 물었다.
"스승 없이 저 혼자 깨달을 수 있습니까?"
"소리 이전에 풍취가 난다."

『전등록』

"이제껏 함께 있어도 이름을 모르고
동등히 서로 함께 그렇게 갈 뿐이네"

「원오심요」

말만 있고
자기 생각이
없구나

깊이깊이 얻고 깨달아 공부하기를 도모하고
입에 발린 말만을 숭상하지 말고
반드시 마음마음이 머물러 갇히는 일이 없도록!

『원오심요』

그들은 스스로 세상을 초월한 진리를 얻었다 하면서,
자기 단점은 변호하고 남의 장점을 헐뜯는다.
그리하여 시장에서나 푸주간에서나 속이고 험담하면서
큰소리치며 세력을 뽐내고 말재주를 믿고 자랑한다.

『법안록』

경전에 능통한 사람과 옛것에 박식한 부류가 많다.
그들은 칼끝 같은 말재주를 과시하고 창고에 쌓인 곡식처럼 풍부한 학문에 치달린다.
그러나 여기에 와서는 할 말이 없을 것이니 말만 펴기 어려울 것이다.
이제껏 기억해왔던 말들이 모조리 남의 돈을 센 격이니라.

『법안록』

결국 사람일 뿐이다

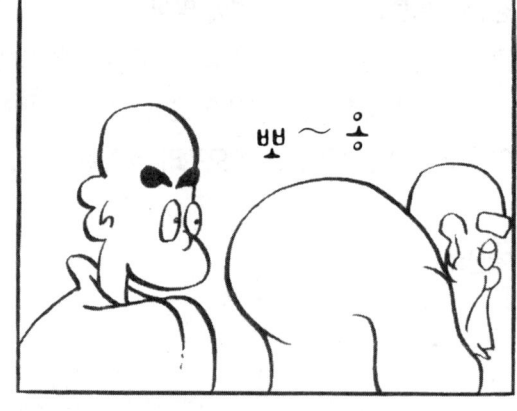

백마 둔유 선사에게 어떤 이가 물었다.
"삼천 리 밖에서 백마가 뛰어다니는 소문을 듣고 이렇게 왔는데 막상 와서 보니 보이지 않습니다. 어째서입니까?"
"그대에게 보이지 않는 것이 나에게 무슨 상관인가?"
"화상께서 직접 가리켜 보여주십시오."
"가리켜 보인다고 네가 볼 수 있겠느냐?"

『전등록』

한 스님이 현사 선사에게 물었다.
"스님을 오랫동안 공부하며 모시고 있었으나, 어째서 존귀한 모습이 보이지 않습니까?"
"그대는 그렇게 스스로 묶이는가?"

『현사록』

천동 함계 선사에게 간대덕簡大德이 물었다.
"뛰어난 학생이 왔으니 스님께서 공부할 길을 분명히 가리켜 보여주십시오."
"나는 여기에서 똥 한번 누면 그만인데, 무슨 뛰어남이니 분명함이니 하는 게 있으랴!"

『전등록』

대혜 선사가 하루는 말했다.
"요즘 공부한다는 사람들은 마치 파리떼와 같아서
조금만 비린내가 풍겨도 그곳에 머물고 만다.
처음부터 그런 습성은 모두 뽑아버리고
아무 냄새 없는 곳을 찾아 평지에 머물러야 한다.
예로부터 공부하는 사람들을 잘 가르치는 사람으로
목주 도명 스님이 있었는데, 그는 이렇게 말했다.
'네가 앉을 곳을 보면 곧장 깎아 없애고
처음부터 모든 것을 깎아나가야 한다'고…."

「종문무고」

배움이 완성의 경지에 오르지 않았는데도,
보고 들은 것을 자랑하고 뽐내며
한갓 입에 발린 교묘한 말로 이기려 하는 것은,
마치 뒷간에 단청을 하는 것과 같다.

『선가귀감』

모든 걸 통달했을까?

묻는 것도 없이 보고 들은 것으로 스스로 증거를 삼고,
더 이상 널리 묻거나 깊이 연구하지 않으며,
겨우 한두 마디 듣고 그것조차 제대로 알지 못하면서,
눈은 높아 은하수를 바라보고 콧대는 하늘 끝에 닿도록
거드름을 피운다. 제 스스로 나는 부처와 조사를 뛰어넘었다며
수많은 성인들이 모두 나의 발아래 있노라고 으스대며
불경이나 선종의 서적은 한번도 보지 않은 채,
그것만으로 복잡한 설명은 피하려고만 한다.
만약 공부하고 배우려면 치밀하게 철두철미하게 뼛속까지 사무치도록 깨달으면
나는 그대에게 고개를 숙이리라.

「총림성사」

1등은 무슨 일등

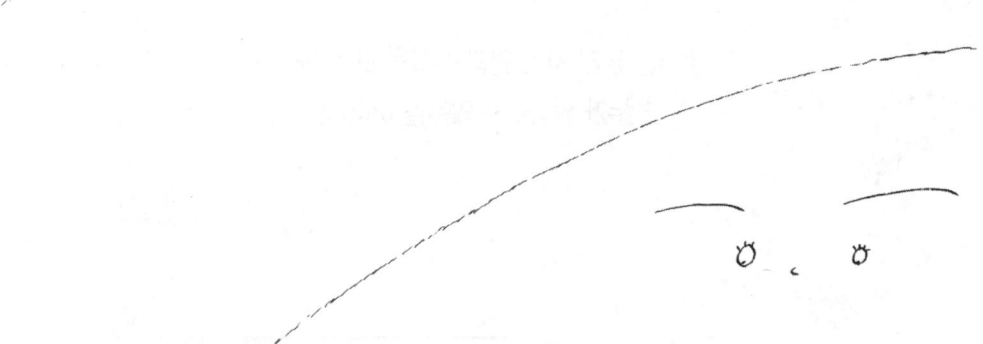

오직 총명하고자 힘쓰고 지견知見을 세우는 데만 힘써서
업혹業惑 속에 빠져 있으면서도 자기가 출중하다고
터득한 바를 가지고 현학적으로 뽐낸다.
인간 세상에서 익힌 바 고금의 것들을 널리 연구하고 관찰하여
그것을 궁극의 공부라고 말하나
이는 반딧불이 태양에 비할 수 없다는 걸 모르는 일이다.

「원오심요」

*지견(知見) : 지식과 견문.

공부는 본래 자기 안의 진실을 보는 것이니,
누가 알아주지 않은들 어떠랴!

『선가귀감』

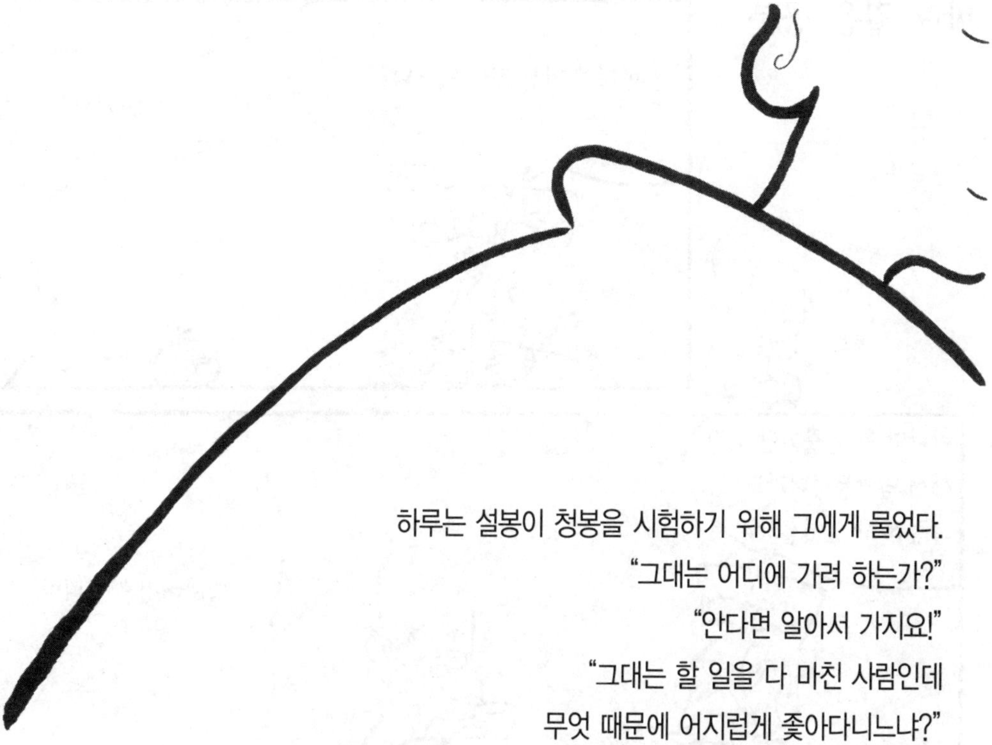

하루는 설봉이 청봉을 시험하기 위해 그에게 물었다.
"그대는 어디에 가려 하는가?"
"안다면 알아서 가지요!"
"그대는 할 일을 다 마친 사람인데
무엇 때문에 어지럽게 좇아다니느냐?"
"스님께서는 남에게 오물을 뿌리지 않는 것이 좋겠습니다."
"내가 너에게 똥칠을 했다고 하자.
옛 스님인 조과 도림이
옷의 실오라기 하나를 뽑아 불었던 일을 어떻게 생각하느냐?
내게 설명을 해다오!"
"남이 먹다가 남긴 국물 찌꺼기나 식은 밥은
다른 사람이 이미 다 먹어치웠습니다."
그러자 설봉은 그만두었다.

『설봉록』

어떤 한 가지 견해나 이론에 바탕을 두고
다른 것은 모두 별 가치가 없는 것들이라고 본다면,
이는 진리의 길을 가는 데 가장 큰 장애가 된다.
그러고 보니, 듣고 보고 배우고 사색한 것에 사로잡혀서는 안 된다.
지혜에 관해서도 도덕에 관해서도 편견을 가져서는 안 된다.

「숫타니파타」

그는 어떠한 일방적인 주장도 인정하지 않으며,
어떤 한 가지 견해만 중요하게 여기지도 않는다.
그는 어떠한 교리나 학설도 인정하지 않으며,
또한 계율이나 도덕에도 굴복하지 않는다.
이미 공부나 깨달음에 이르렀으므로….

「숫타니파타」

공부하고 배우는 이들이여!
진리의 견해를 터득하려 한다면
남에게 유혹되어서는 안 된다.
안에서나 밖에서나 마주치는 대로 죽여라.
부처를 만나면 부처를 죽이고,
조사를 만나면 조사를 죽이고,
나한을 만나면 나한을 죽이고,
부모를 만나면 부모를 죽이며,
친척을 만나면 친척을 죽여야만,
진리에 이르러 외물外物에 얽매이지 않고
완전히 벗어나 자유자재스러우리라.

『임제록』

*외물(外物) : 객관적 세계에 있는 모든 대상, 사물.

수많은 이론과 사상보다 너 자신 속의 씨앗이 더 중요하다.

모든 공부하는 이들이여!
스스로 물러나지 말라
그대가 바로 진실이요,
진리니라.

「현사록」

현사에게 한 스님이 물었다.

"스님께서 모두가 한 알의 밝은 구슬일 뿐이라고 하신 말씀을 들었습니다. 하지만 저는 모르겠습니다. 스님께서 보여주십시오."

"전체의 진리가 바로 이러할 뿐인데, 다시 누구더러 알게 해달라고 하는가?"

"전체의 진리가 이것이긴 한데 어찌해야 합니까?"

"알고 싶거든 그대의 눈에게 물어라."

「현사록」

공부는 스스로 나가서 스스로 돌아온다.

**먼저,
네 자신에게
물어라!**

진리는 어디에 있고,
공부하는 사람은 어떤 사람이며,
어떤 사람을 배우는 사람의
모범이라 하겠습니까?

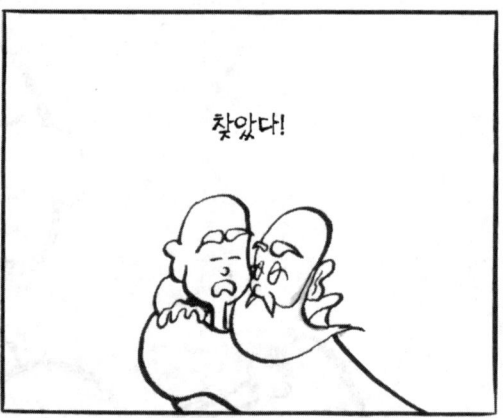

찾았다!

공부하는 본분도 네 자신에게서 찾을 수 있고,
자기에게 맞는 공부와 공부법도
네 자신에게 물어보고,
진리로 통하는 공부도 네 스스로 열어가라.

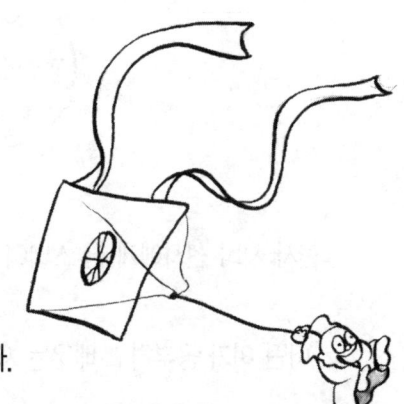

한 스님이 물었다.

"무엇이 배우고 공부하는 사람의 바른 안목입니까?"

"그대는 이름이 무엇인가?"

"교연皎然이라고 합니다."

"그대는 이미 안목을 알지 않는가?"

『현사록』

현사 사비 선사에게 한 스님이 물었다.

"어떤 이가 공부하고 배우는 사람 그 자신입니까?"

"그 자신은 무엇에 쓰려는가?"

『전등록』

한 스님이 물었다.

"어떤 이가 공부하는 사람 그 자신입니까?"

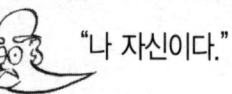 "나 자신이다."

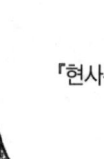 "조금 전에 제 자신을 물었습니다."
"나 자신이라고 그대에게 분명 말하지 않더냐?"

『현사록』

삼평 의충 선사에게 어떤 스님이 물었다.
"배워야 할 길이 있습니까?"
"외길이 있는데 미끄럽기가 이끼와 같으니라."
"배우고 공부하는 사람이 그 길을 밟을 수 있겠습니까?"
"망설이지 말고 네 스스로를 보아라."

『전등록』

현사 스님에게 한 사람이 물었다.

 "조사의 말씀이나 외우고 다니지 않는 사람은 어떤 사람입니까?"

"그대가 어찌 알겠는가?"

 "어떠한 사람이기에 말입니까?"

"나는 아니다."

『현사록』

한 스님이 현사 스님에게 물었다.

 "어떻게 해야만 말이나 외우고 다니는 짓을 하지 않을 수 있습니까?"

"그대는 상당히 솔직하지 못하구나!"

『현사록』

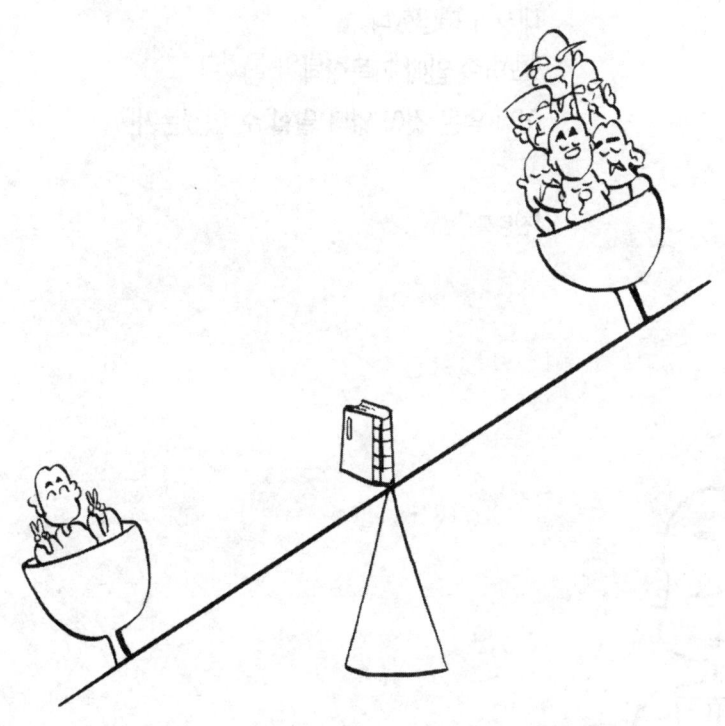

수많은 선사와 조사보다 네 자신을 보라! 공부의 방법이 그 안에 있다.

현사 사비 선사에게 어떤 스님이 물었다.
"열심히 배우고 공부하는 제가 어찌하여 그 도를 얻지 못했습니까?"
대사가 대답했다.
"그대의 입에 가득한데
어찌 얻은 것이 없다 말할 수 있겠는가!"

『전등록』

네가 가는 길이 길이다.

아호산 지부 선사에게 한 스님이 물었다.
"길 잃은 아이가 아직 돌아오기 전엔 어떻게 해야 합니까?"
"길에 있었던 적도 없다."
"돌아온 뒤엔 어떻게 해야 합니까?"
"정말로 길을 잃는다."

「전등록」

혜능이 말했다.
"본래 마음을 알지 못하며 배워도 이로움이 없으니,
마음을 꿰뚫어 자신 안의 진리를 보면 곧 크게 깨우치리라.
저마다 스스로 관찰하여 자신의 진리를 단박에 깨닫게 하되,
만약 스스로 깨치지 못하는 이는
모름지기 훌륭한 선사와 스승을 찾아서 지도를 받아라."

『육조단경』

학문과 사상, 책에 안주하다가 자신이 스스로 무너지는 것도 모른다.

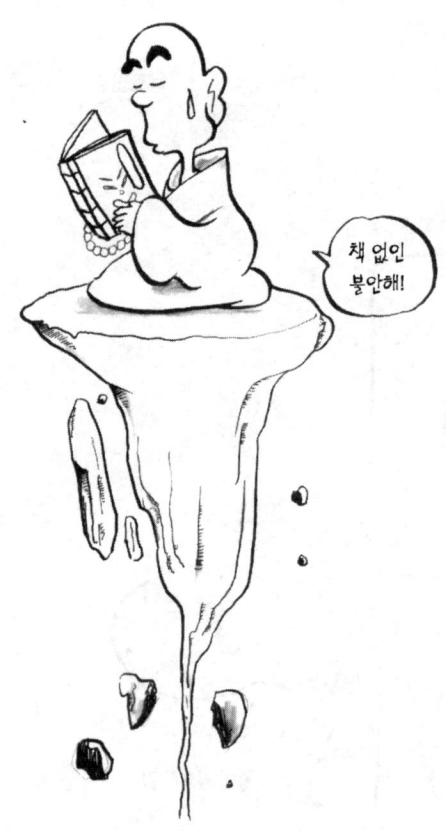

학문과 세상

요즘 세상에는 영리한 학인學人들이 많은데 이들은 당장에 깨달으려고만 한다.
어떤 사람은 지나치게 탐구하여 쉽게 알려 들고,
그러다가 나아갈 길을 알기만 하면 즉시 세상에 나오고 싶어한다.
또한 잘못된 무리들은 추천을 해도 세상에 나오지 않으려 한다.
이는 원만하게 완전히 진리에 통하지 않은 것이다.
때와 인연을 따라서 기회를 잃지 않아야 막힘 없는 사람이라 할 것이다.

「원오심요」

*학인(學人) : 공부하고 배우는 사람.

어느 날 현사 스님이 물었다.
"주장자柱杖子가 있으면 한 개만 주십시오."
"나에게 한 개가 아닌 세 개가 있으니 하나를 가져라."
"사람마다 하나씩밖에 없는데,
스님께서는 무엇 때문에 세 개나 쓰십니까?"
"세 개가 다 쓰이는 데가 있기 때문이지."
"옳은 말씀이긴 하지만,
저라면 그렇게 말하지 않겠습니다."
"그럼, 어떻게 말하겠느냐?"
"세 개가 곧 하나라고 말하겠습니다."

『설봉록』

* 주장자(柱杖子) : 선사들이 좌선할 때나 설법할 때 가지는 지팡이.

불안 정원 선사가 처음 법연 스님에게
공부할 길을 여러 차례 묻자 법연 스님은,
"나는 그대만 못하니 그대 스스로 알아내는 것이 좋겠다.
나는 모르니 내 그대보다 못할 뿐이다."
라고만 했다.
법연 스님은 도움이라도 주려는 듯,
"그대가 가서 원례 수좌에게 가르침을 청한다면
많은 도움이 될 것이다."
하였다.
이 말을 듣고 불안 스님이 가서 묻자,
원례 수좌는 불안 스님의 귀를 잡아끌고서
화롯가를 빙빙 돌며 말하였다.
"그대 스스로 알아내는 것이 좋겠다."
"저는 깨우쳐주기를 바랬는데 도리어 놀려대니,
어찌 이를 가르침이라 할 수 있겠습니까?"
"네가 깨닫는 날 곡절을 알게 되리라."
그런 일이 있은 뒤, 차가운 밤 홀로 앉아
화롯불을 헤치다가 콩알만 한 불씨 한 개를 보고
환하게 깨우쳐 스스로 기쁨에 겨워 말하였다.
"깊이깊이 파헤치니 이런 게 있었구나.
평생의 공부란 이와 같구나."

「나호야록」

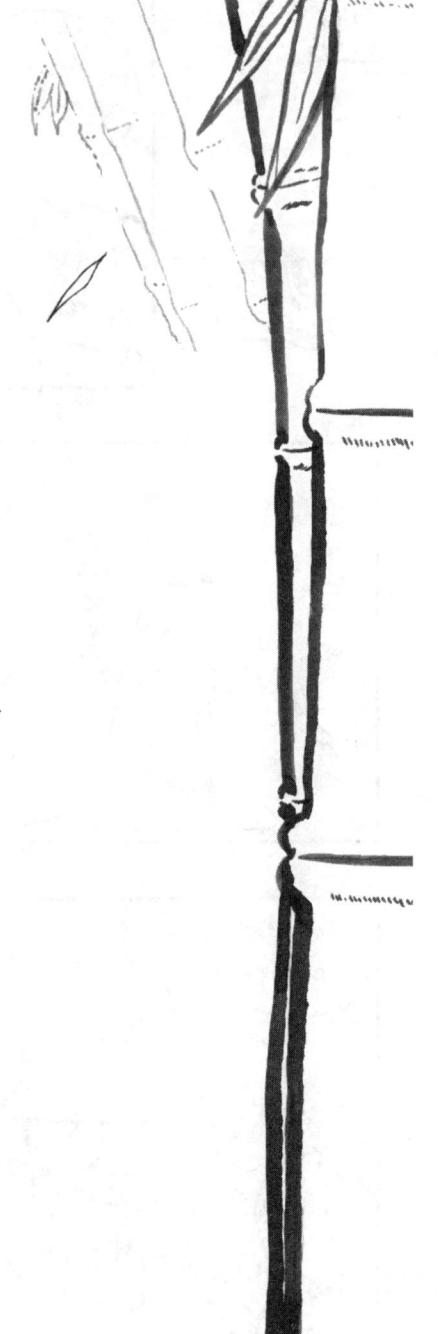

옛사람이 말하기를,
"활쏘기를 배울 때 오래도록 쏘아야만,
비로소 적중시키는 것과 같이 된다" 하였다.
깨달은 것은 찰나이나 공부를 통해 이르는 데는
모름지기 긴 시간이 필요하다.
마치 비둘기 새끼가 태어나서는
붉은 뼈가 허약하지만 오랫동안 먹이를 주어 길러
깃털이 다 나면 문득 높고 멀리 날 줄 아는 것과도 같다.
그러므로 투철하게 깨닫는 요점은
바로 다스림에 있다.

「원오심요」

나처럼 오래
은은하게…

공부는 꼭두각시 놀리는 것과 반대이어야 한다.
꼭두각시를 놀릴 때 실이 끊어지면 일시에 멈춘다.
그 실에 관계없으면 스스로 움직여야 한다.

「선가귀감」

설사 싹이 트지 않는다 해도 종자는 있다.
만일 모두 모여 내게만 의지하고 곁에서 북이나 치면서 밥 먹고 죽 먹는 기운을 늘린다면
이 경황없는 짓을 가지고 공부를 마쳤다고 할 수 있을까?
그렇게 일생에 걸쳐 자신을 속인다면 무슨 도움이 되겠느냐?

「현사록」

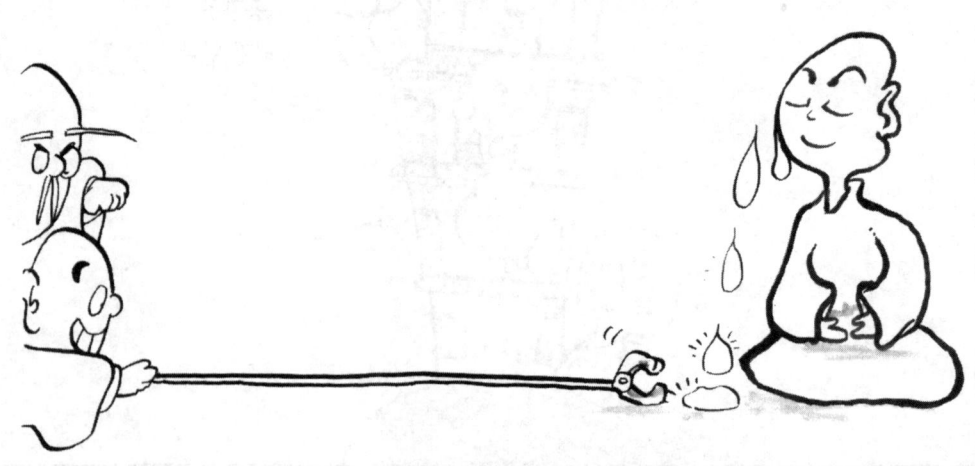

말 참 많구나!

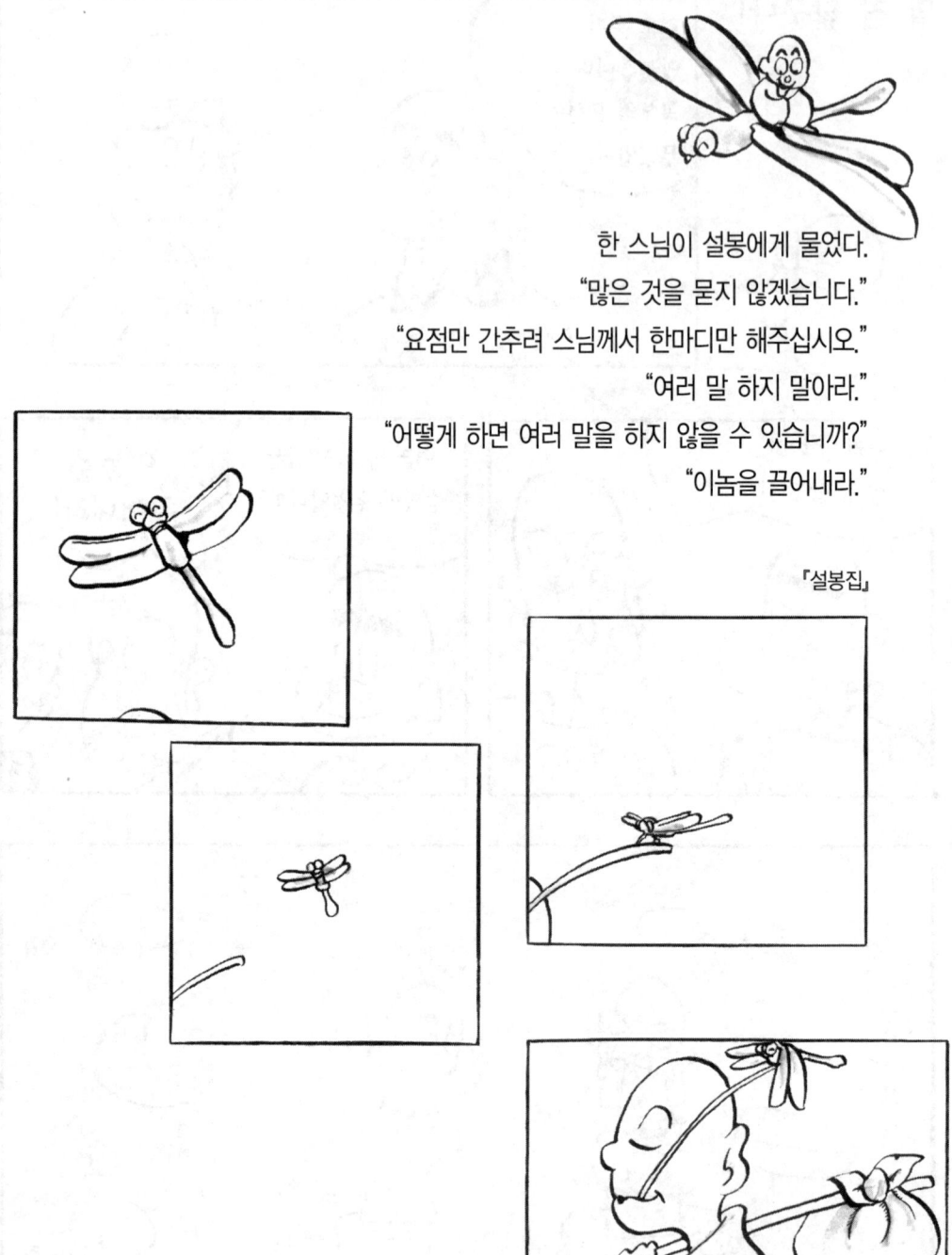

한 스님이 설봉에게 물었다.
"많은 것을 묻지 않겠습니다."
"요점만 간추려 스님께서 한마디만 해주십시오."
"여러 말 하지 말아라."
"어떻게 하면 여러 말을 하지 않을 수 있습니까?"
"이놈을 끌어내라."

『설봉집』

대위 지 선사가 세상에 나아가 여러 나라의 큰스님들 못지 않게 일을 했으나,
나이가 젊다는 이유로 공부하는 이들이 명망 있는 곳으로 달아나는 데야 어찌하랴!
대위사에 있을 때는 이미 대세가 기운 뒤였다.
이 때문에 도를 이루고서도 세상에 떨칠 수가 없어,
아는 사람들의 탄식을 자아냈다.
그러나 참정 스님의 어요語要에 서문을 쓰면서
그는 임제종을 지키면서 선문의 중책을 스스로 짊어진 이라 하였다.

「나호야록」

*어요(語要) : 가르침과 깨달음 가운데 중요한 부분.

달마가
무얼 했건…

시간의 의미

조주 선사에게 한 스님이 물었다.
"공부하는 이는 하루 스물네 시간을 어떻게 마음 써야 합니까?"
"그대는 스물네 시간의 부림을 받지만, 나는 스물네 시간 부릴 수 있다.
그대는 어느 시간을 묻는가?"

「조주록」

하루 스물네 시간 공부에 머무르지 말고
가고 옴이 다하고
다함이 없는 데에 이르러
다함이 없는 그 밑바닥을 훤히 보아야
수미산 제일봉을 밟을 수 있으리

「나호야록」

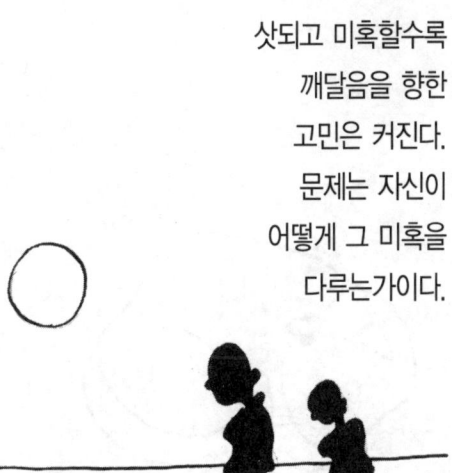

설봉 의존 선사에게 어느 날 한 스님이 찾아와 다음과 같이 물었다.
"저의 눈은 바른데 스승님 때문에 잘못되었을 때는 어찌해야 합니까?"
"미혹한 이가 달마를 만났다."
"저의 눈이 어디에 있습니까?"
"스승을 좇아서 얻으려 하지도 말아라!"

『전등록』

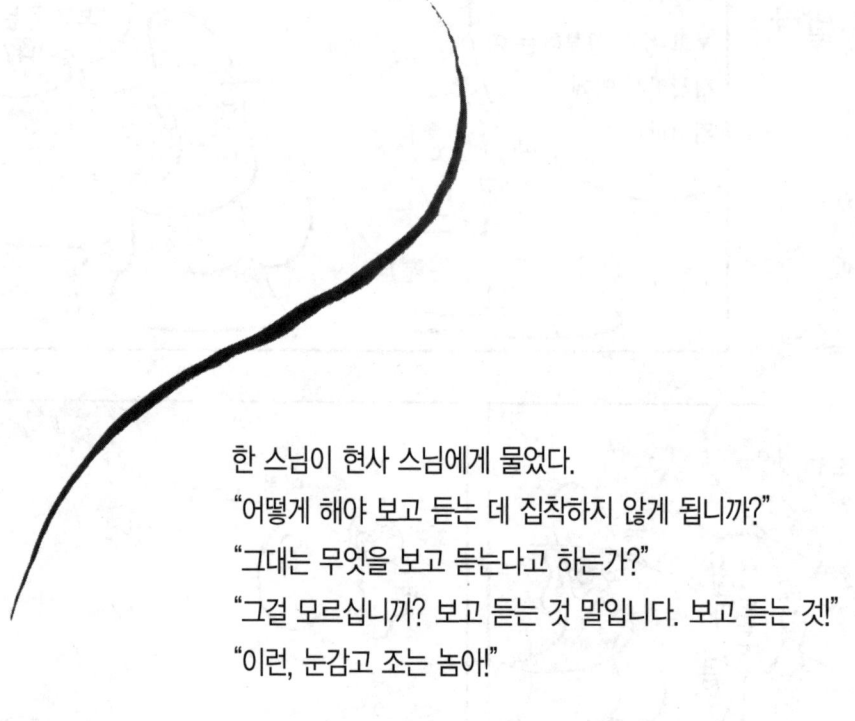

한 스님이 현사 스님에게 물었다.
"어떻게 해야 보고 듣는 데 집착하지 않게 됩니까?"
"그대는 무엇을 보고 듣는다고 하는가?"
"그걸 모르십니까? 보고 듣는 것 말입니다. 보고 듣는 것!"
"이런, 눈감고 조는 놈아!"

『현사록』

진실하면 문제가 없다

어딜 갔다 오느냐?

신발을 만들고 옵니다.

네 스스로 만들었느냐? 아니면 남에게 배웠느냐?

남에게서 배웠습니다.

그가 너에게 가르쳐 주었느냐?

진실하면 통하지 않는 곳이 없습니다.

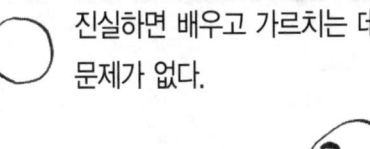

진실하면 배우고 가르치는 데 문제가 없다.

만암 도안은 오랫동안 원오 극근 스님에게 공부하였다.
하루는 고금의 화두를 거론하는데 원오 스님이 크게 꾸짖었다.
"너는 공부를 해도 바른 깨달음을 구하지 않고
입에서 나오는 대로 정신없이 지껄여대는구나!"
도안 스님은 자기도 모르게 땀을 흘리며 돌아와
새벽까지 좌선하다가 깨달았다.
그리고는 달려가 원오 스님에게 조금도 막힘 없이 말했다.
그제야 원오 스님은 끄덕였다.
그러자 도안 스님이 물었다.
"어제도 똑같이 대답했는데 인정하지 않으시고,
오늘은 어찌하여 끄덕이십니까?"
"이 바보야! 너는 어제 망상에 사로잡혀 있었어."
도안 스님이 절을 올린 뒤 말하였다.
"원래 깨달은 석가모니도 신통한 것이 없었군요."

『총림성사』

조주 선사에게 한 스님이 물었다.
"배우고 공부하는 제가 먼길을 왔습니다."
"스님께서 가르쳐주십시오."
"문 안에 네가 들어오자 마자 얼굴에 침을 탁 뱉어줄 걸 그랬다."

『조주록』

우주·세계·천지를 공부하는 이유는?

스승님, 다른 곳에서는 우주·세계·천지 같은 큰 주제를 다루는데, 우린 맨날 뭘 하는지 모르겠습니다. 너무 하찮은 거 아닙니까?

우주·세계·천지를 몰라도 넌 산다. 하지만 먹고, 자고, 옷을 빨아 입고, 집을 고치는 일상사와 의식주를 해결 못하면 죽고 만다. 그러니 그런 걸 다루는 게 하찮고 창피한 일이겠느냐?

우주·세계·천지를 공부하는 것은 먹고, 자고, 옷을 입고, 사는 걸 잘하기 위해서이다.

운거 효순 선사가 말했다.
"여러 총림에는 뱀 대가리를 가지고 노는 사람도 있고,
호랑이 꼬리를 뒤적거리는 사람도 있으며,
큰 바다를 뛰어넘거나 칼날 속에 몸을 감추는 사람들도 있다.
그러나 이곳 운거사 총림에서는 날씨가 추우면 더운 물에 씻고,
밤에는 속옷을 벗고 잠을 잔다.
이른 아침에는 돌아앉아 행전을 메고 바람에 울타리가 넘어지면
사람을 불러 대나무를 쪼개어 울타리를 세울 뿐이다."

「오가정총찬」

타조같이 공부하는 사람

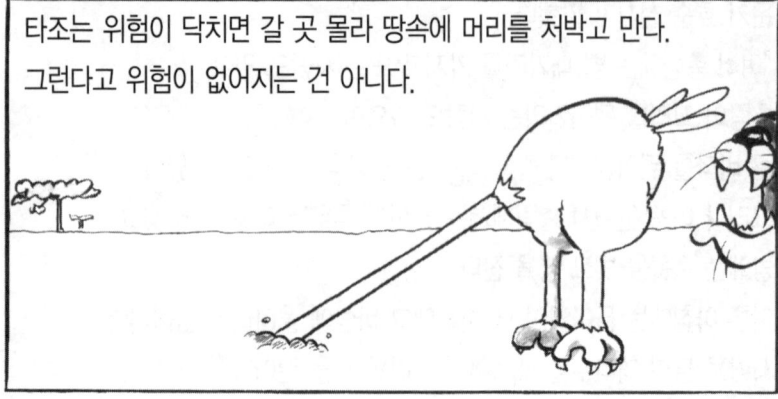

타조는 위험이 닥치면 갈 곳 몰라 땅속에 머리를 처박고 만다. 그런다고 위험이 없어지는 건 아니다.

우리 공부하는 사람 중에도 이런 이들이 있다.

온갖 말과 책 속에 머리를 박은 타조랄까…

지금은 모두가 갈 곳을 모르고
말 속에 머리를 처박아두고 들어가
세간에 널리 퍼진 말들로 서로를 붙들어주고 있다.
그러다가 문득 어떤 기미라도 있게 되면,
갑자기 달려들어 사실대로 말해보라는 질문을 받게 된다.
그렇게 되면 그는 어지럽게 발걸음을 내딛게 된다.
이는 마치 캄캄한 밤중에 검은 닭을 놓아준 것과
비슷한 일이니, 그들과 무슨 말을 하겠는가!

「설봉록」

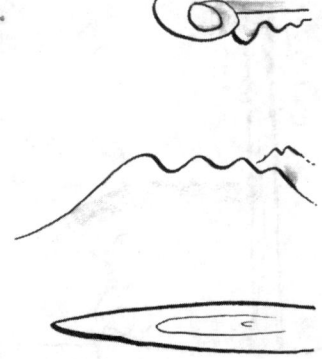

진리를 아는
사람은 다투지
않는다

진리는 하나요, 둘일 수 없다.
그러므로 진리를 안 사람은 다투지 않는다.
그러나 사람들은 제각기 다른 진리를 찬양하고 있다.
그래서 모든 공부하는 이들은 동일한 것을 동일하게 말하지 않는 것이다.

공부하는 사람들 중에는 제각기 다른 견해를 고집해서
서로의 경經을 달리하며 싸우고 있다.
스스로들 '진리를 아는 자'라 자칭하면서 여러 가지 논쟁을 하고 있다.
이것을 안 사람은 진리를 아는 자이며,
이것을 비난하는 사람은 불완전한 자라 하면서…

「숫타니파타」

동산이 운암의 제삿날에 제를 올리는데 마침 한 스님이 물었다.
"스님께서는 운암 스님에게서 어떤 가르침을 받으셨는지요?"
"같이 있긴 했으나 가르침을 받지는 못했다."
"가르침을 받지 못했다면 어찌하여 제를 올리십니까?"
"어떻게 감히 운안 스님을 등지랴?"
"스님께서 처음에 남전 스님을 뵈었는데, 어째서 운암 스님에게 제사를 지내주십니까?"
"나는 다만 스님의 불법을 중시하는 게 아니라,
다만, 오히려 나에게 불법을 설명하지 않은 점을 중히 여길 뿐이다."

『동산록』

유교에서는 '뜻 있는 선비라면 학문이 없어서는 안 된다'고 하였다.
불서에서도 '학문이 없는 자는 그 도리를 분별하지 못한다. 만일
그 말만을 이해하고 되는 대로 자포자기한다면 안타까운 일이다' 하였다.
내가 유·불·도 3교의 서적을 훑어보니, 반드시 배워야 한다는 뜻을 조금이나마 볼 수 있었다.
유교의 『주역』에서는 '군자의 덕을 쌓아 업을 닦는다'고 되어 있고,
도교의 『노자』에서는 '으뜸 선비는 부지런히 도를 듣고 묻고 깨쳐 이를 실행한다'고 했고,
불교의 『보적경』에서는 '마치 큰 용이 할 일을 다 마치고 제 물을 만난 것과 같다'고 했다.

내가 3교를 모두 살펴보니,
비록 서로 다른 점이 있지만, 덕이 반드시 학문에서 나오는 데 의심의 여지가 없다.

『총림성사』

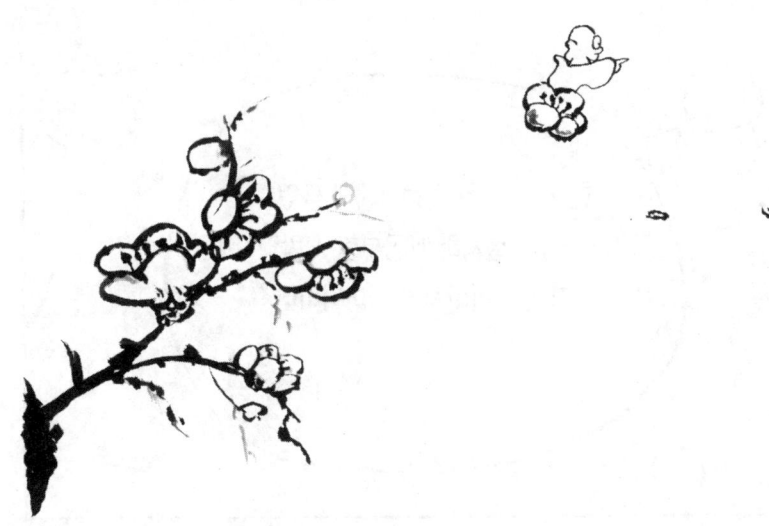

가장 철저하게 공부하는 사람은?

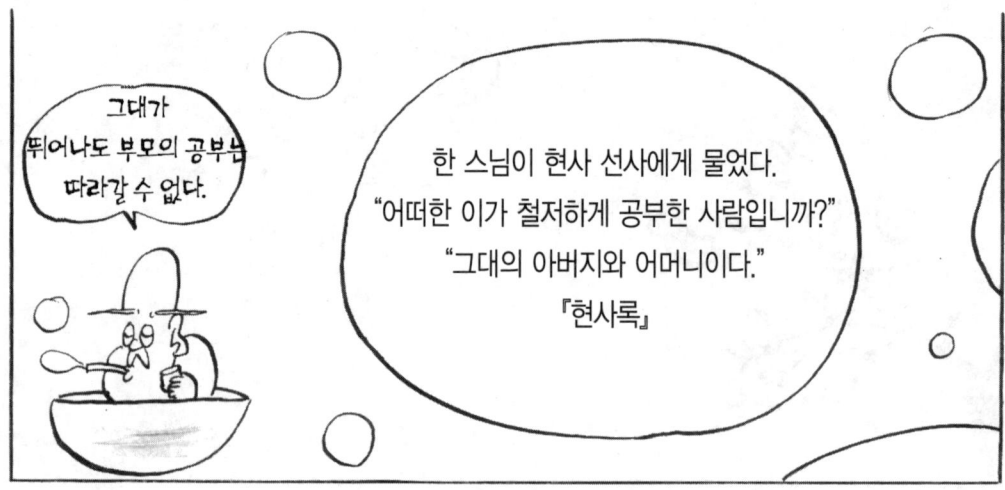

한 스님이 현사 선사에게 물었다.
"어떠한 이가 철저하게 공부한 사람입니까?"
"그대의 아버지와 어머니이다."
『현사록』

공부의 길은 스스로 그러함에 있다

공부의 길은 자연스러운 모든 곳에 있다.

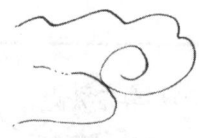

설봉에게 한 스님이 물었다.
"무엇이 공부하고 배우는 이의 바른 안목입니까?"
"돌밭에서 꽃을 가꾼다. 알겠느냐?"
"모르겠습니다."
"몸조심하여라!"

「설봉록」

내 인생에서 가장 행복한 날은 언제인가? 바로 오늘이다.
네 삶에서 진정한 날은 언제인가? 바로 오늘 지금 여기다.
어제는 지나간 오늘이요, 내일은 다가오는 오늘이다.
그러므로 오는 하루하루를 삶의 전부로 느끼며 살아야 한다.

「벽암록」

그만 입을 다무세요

진리 추구라는 이름으로 답이 없는 관념의 물음에 빠지기 쉽다.

익주의 대수산 법진 선사는 일찍이 60여 명의 존숙에게 참문한 적이 있는데,
위산 스님이 그에게 어느 날은 이렇게 물었다.
"그대는 여기에 있은 지 몇 해나 되는데
아직도 청해서 묻는 법을 모르는가?"
"무엇을 물어야 하겠습니까?"
"그대는 어떤 것이 부처인가 하고 물을 줄도 모르는가?"
그러자 대수 법진 선사가 손으로 위산의 입을 틀어막았다.

「종용록」

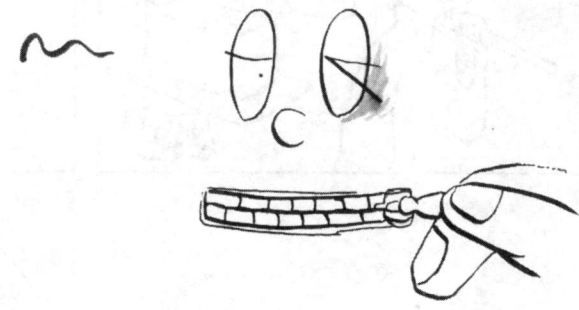

하나를
잃었다 한들…

시험을
망쳤어!

다 때려치우자.

하나를 망쳤으니 다른 게 무슨 의미입니까?

그런 생각이라면 네가 내려가 무엇을 하건 무슨 의미가 있느냐?

옛날에 어떤 사람에게 이백오십 마리의 소가 있었다.
그는 늘 소를 몰고 다니며 잘 먹여주었다.
어느 날 호랑이 한 마리가 으르렁거리며 달려들어 소 한 마리를 잡아먹었다.
'소 한 마리를 잃어 온전하지 않게 되었으니, 이 소들을 어찌할꼬?'
소 주인은 이렇게 혼자 중얼거리며,
깊은 구덩이가 보이는 높은 언덕으로 나머지 소들을 몰고 갔다.
그리고는 소들을 구덩이 아래로 떼밀어 모두 죽여버렸다.

『백유경』